아버지의 가르침

아버지의 가르침

초판 1쇄   2023년 8월 25일
초판 5쇄   2024년 10월 10일

지은이   필립 체스터필드
옮긴이   박선영
펴낸이   김순일
펴낸곳   미래문화사
신고번호   제2014-000151호
신고일자   1976년 10월 19일
주소   경기도 고양시 덕양구 삼송로 222, 현대헤리엇 업무시설동(101동) 301호
전화   02-715-4507 / 713-6647
팩스   02-713-4805
이메일   mirae715@hanmail.net
홈페이지   www.miraepub.co.kr
블로그   blog.naver.com/miraepub

ISBN 978-89-7299-557-9 (03190)

아버지의 가르침

필립 체스터필드 지음
박선영 옮김

미래문화사
MIRAE

차
례

PART 1 인생을 배우는 이들에게

그 어느 때보다 지금이 가장 중요하다   13
한번 가버린 시간은 다시 돌아오지 않는다   15
자기 발전을 위한 노력을 멈추지 마라   19
태도가 인생이 된다   21

PART 2 큰 그릇일수록 더 많은 것을 담을 수 있다

노력 없이 저절로 얻어지는 것은 없다   27
이 세상에 이룰 수 없는 일은 없다   29
다양한 분야의 상식을 알아두어야 한다   30
최고는 작은 일에 최선을 다한다   32
눈앞에 있는 사람이나 사물에 집중해라   33
너무 깊은 사색에 빠지지 마라   35
상대방도 너처럼 존중받고 싶어 한다   37
말 한마디로 평생의 원수가 될 수 있다   38
남의 약점은 절대 농담으로라도 말하지 마라   39
나의 잣대로 세상을 함부로 판단하지 마라   41
거짓말하지 말고 당당하게 살아라   42
새로운 미지의 세계로 나아갈 너에게   45
위엄을 갖추어야 존경받는다   46
오만함은 품격을 떨어뜨린다   48

PART 3 네 삶의 주인은 너 자신이다

오늘 1분을 비웃는 자, 내일 1분에 운다   **53**
    자투리 시간을 잘 활용해라   **55**
    짧은 시간도 낭비하지 마라   **57**
    일의 우선순위를 정하여 처리해라   **58**

잘 노는 사람이 성공한다   **60**
    무절제한 놀이에는 함정이 있다   **61**
    목적의식을 가지고 놀아라   **63**
    즐거워 보이는 것과 진짜 즐거운 것은 다르다   **65**

일의 기쁨을 아는 자만이 진짜 한량이다   **67**
    아침에는 책에서, 저녁에는 사람에게서 배워라   **69**

한 가지 일에 온 힘을 다해라   **71**
    일은 한 번에 하나씩만 해라   **72**
    딴 데 정신 팔지 말고, 현재에만 집중해라   **74**

돈을 지혜롭게 사용하는 방법을 배워야 한다   **77**
    적은 돈도 가치 있게 써라   **79**
    아껴 쓰되 가치 있는 것에는 확실하게 써라   **80**

PART 4 세상을 보는 견문을 넓혀라

왜 역사 공부가 중요할까?   **85**
    역사서를 곧이곧대로 믿지 마라   **86**
    역사는 올바른 분석력과 판단력을 키워준다   **88**
    과거의 눈으로 현재를 보지 마라   **89**

나는 역사에서 이런 점을 배웠다   **91**
    책과 사람에게 역사를 배워라   **92**

독서 습관을 통해 쌓는 인생의 지혜   **94**
  하루에 30분씩 독서에 투자해라   **95**

진정한 지식은 체험을 통해 얻을 수 있다   **98**
  여행할 때는 호기심을 가져라   **100**

네 생각의 틀이 굳어버리기 전에 할 일   **102**
  지역과 환경에 따라 예의범절이 다르다   **104**
  지역의 풍습을 배워 따르려고 노력해야 한다   **106**

PART 5   자신만의 확고한 주관을 가져라

예리한 판단력으로 사물을 바라보아야 한다   **111**
  편견과 독단에 빠지지 마라   **113**
  첫인상이 전부가 아니다   **115**
  자신의 생각을 명확하게 정립해라   **116**

어떤 상황에서든 흐려지지 않는 판단력을 길러라   **118**
  지식을 쌓을수록 겸손한 태도를 갖춰라   **120**

현실성 없는 이론으로는 세상을 알 수 없다   **122**
  학식만 풍부한 사람은 타인에게서 배우려 하지 않는다   **123**
  사람은 여러 색깔로 변할 수 있다   **125**
  지식은 행동으로 옮겨야 비로소 지혜가 된다   **126**

표현력을 익혀서 설득력을 키워라   **129**
  말을 할 때 호감 가는 태도를 갖추어라   **130**
  주장의 내용 못지않게 세세한 부분도 중요하다   **132**
  바른말과 명확한 발음으로 표현력을 길러라   **134**
  자기 생각을 문장으로 구체화해라   **136**
  상대방의 마음을 사로잡는 화술을 익혀라   **137**

서명하거나 도장을 찍을 때는 당당하게 하여라   **138**
  서두르되 허둥대지 마라   **140**

PART 6 어떻게 평생 가는 우정을 키울 것인가?

친구는 인생의 나침반이다	**145**
오래 가는 우정이 진정한 우정이다	**147**
어떤 상황에도 적을 만들지 마라	**148**
성장하려면 어떤 사람과 교제해야 하는가	**150**
아래를 보지 말고 위를 봐라	**150**
지혜롭게 교제해라	**153**
너의 결점을 칭찬하는 친구와 멀리하라	**154**
강한 의지가 있어야 교제를 할 수 있다	**156**
기회는 자신이 만드는 것이다	**157**
끈기와 의욕을 가지고 교제해라	**160**
사람을 제대로 보는 안목을 길러라	**161**
청년답게 쾌활하고 밝게 행동해라	**163**
실패와 좌절은 최고의 스승이다	**164**
적당한 허영심을 통하여 능력을 끌어내라	**166**
최고가 되겠다는 허영심이 능력을 발휘하게 한다	**167**
감사하는 마음을 가져라	**170**
쾌활함과 끈기야말로 진정한 젊음의 밑천이다	**171**
포기하지 않고 문을 두드리면 결국 길이 열린다	**173**

PART 7 신뢰받는 인간관계의 비법

상대방이 믿을 수 있는 사람이 되어라	**179**
대화를 독점하지 마라	**181**
상대방에 따라 적절한 화제를 골라라	**182**
너무 자기 말만 하지 마라	**184**

자기 자랑을 통해 좋은 평을 받는 사람은 없다　　　186
침묵하고 있어도 장점은 드러난다　　　187

흔들리지 말고 삶의 중심을 잡아라　　　189
귀로만 듣지 말고 눈으로도 들어라　　　190
웃을 때도 품격 있게 웃어라　　　191
사소한 버릇 때문에 나쁜 평가를 받지 마라　　　192

집단 내에서의 인간관계 비법　　　194
네 의견을 쉽게 바꾸지 마라　　　195
공치사할 줄 아는 것도 능력이다　　　197

배려할 줄 아는 사람이 되어라　　　192
상대방이 듣고 싶어 하는 칭찬을 해라　　　198
때로는 못 본 척 눈감아 주어라　　　199
뒤에서 칭찬받는 것은 정말 기쁜 일이다　　　203

친구가 많고 적이 적은 사람이 최고의 강자다　　　205
사람은 머리가 아니라 배려를 통해 자신을 지킨다　　　206
인덕을 방패로 삼은 사람은 성공할 가능성이 높다　　　208

PART 8 스스로의 품격을 키워라

튼튼한 건축물도 장식이 없으면 매력이 없다　　　213
자신만의 재능을 갈고닦아라　　　214
언제 어디서나 품위 있게 행동해라　　　215

타인의 장점을 배워라　　　217
호감 가는 사람을 관찰하여 모방해라　　　218
어떤 사람이든 네 스승이 될 수 있다　　　220

타인의 마음을 얻는 방법　　　221
멋지게 일어서고, 걷고, 앉아라　　　221
옷차림으로도 인격을 알 수 있다　　　223
마음은 자연스레 표정을 따라간다　　　226

타인에게 호감을 주려고 노력해라   **229**

예의범절을 가볍게 여기지 마라   **230**

학문만 익혀서는 배울 수 없는 것을 교육하는 것이 중요하다   **232**

자신보다 상대에게 맞추려고 노력하라   **234**

상황에 따른 예의범절   **236**

윗사람에게 예의 있게 대해라   **236**

다양한 사람들이 모인 곳에서는 선을 지켜라   **237**

지위나 신분이 낮은 사람들이 너를 적대시하게 하지 마라   **239**

원석도 연마하지 않으면 쓸모없다   **241**

PART 9   아들에게 들려주는 인생 최고의 교훈

언행은 부드럽게 의지는 확고하게   **247**

확고한 의지를 온화함으로 포장하라   **249**

온유한 것과 양보하는 것은 천지 차이다   **251**

상대에게 끌려가지 말고 네 뜻대로 일을 진행해라   **252**

자신의 의지를 관철하는 방법   **253**

거친 세상을 살아가는 지혜   **256**

자신의 성격에 대해 변명하지 마라   **257**

상대방에게 속마음을 들키지 마라   **259**

용서받을 수 있는 거짓말을 적절히 이용해라   **262**

전쟁터에 갈 때는 완전무장을 해라   **263**

인맥도 실력이다   **266**

친분을 지혜롭게 이용해라   **268**

라이벌과 경쟁하여 이기는 법을 연구해라   **270**

좋은 라이벌은 성장의 원동력이 된다   **272**

신중하게 처신해라   **274**

아들에게 주는 또 하나의 충고   **276**

작은 일에 근심하지 마라   **279**

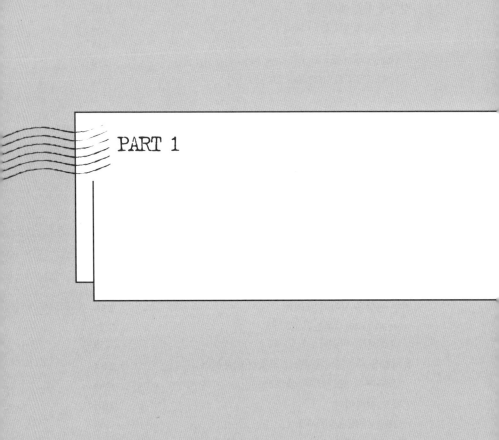

PART 1

인생을 배우는 아들에게

그 어느 때보다
지금이 가장 중요하다

오늘 하루를 헛되이 보냈다면 그것은 커다란 손실이다.

하루를 유익하게 보낸 사람은 하루의 보물을 파낸 것이다.

하루를 헛되이 보냄은 내 몸을 헛되이 소모한 것임을 기억해야 한다.

_앙리 프레데리크 아미엘

네가 반드시 마음속에 담아두고 그 중요하게 여겨야 하는 것 중 하나는 '시간의 소중함'과 그 '활용 방법'이다. 많은 사람이 시간의 중요성에 대해 소리 높여 외치지만 실제로 시간을 소중히 활용하는 사람은 많지 않다. 사람이 소비하고 있는 것 중에서 가장 가치 있는 것은 바로 시간이다. 그렇기 때문에 예로부터 동서고금을 막론하고 셀 수 없이 많은 사람이 시간의 소중함에 대해 강조했던 것이다.

"시간이 없어서 어떤 일을 못 한다는 말은 제일 멍청하고 비겁한 핑계이다."

"짧은 인생이 시간의 낭비로 인해 더욱 짧아진다."

"우물쭈물하고 있는 것은 시간을 강탈당하고 있는 것과 다름없다."

"과거를 생각하며 어려움을 극복하고, 현재를 생각하며 즐거워하고, 미래를 생각하며 어떤 일을 하여라."

너무나도 많은 사람이 이처럼 시간의 중요성에 관해 말하지만, 문제는 그렇게 중요한 시간을 대수롭지 않게 여기며 살아가는 사람들도 많다는 사실이다.

사람이 시간이라는 관념을 인지하기 시작한 것은 아마도 곳곳에 해시계가 설치되면서부터가 아닐까 생각한다. 하지만 해시계를 보며 시간은 가늠하면서도, 막상 시간을 잘 쓰는 일이 얼마나 중요하며, 한번 지나간 시간을 되찾는 것은 사실상 불가능함을 아는 사람은 많지 않았던 것이 사실이다.

시간이 소중하다는 일상적인 교훈을 안다고 해서 시간의 가치를 안다고 말하기는 어렵다. 직접 체험을 통해 깨달아야만 진짜 아는 것이다. 정말로 인생을 사랑한다면 시간을 낭비해서는 안 된다. 왜냐하면, 시간은 인생을 만드는 원료이기 때문이다. 시간을 낭비하는 것은 결국 인생을 낭비하는 것과 같다. 시간의 귀중함을 아느냐 모르느냐는 매우 중요한데, 그것에 따라 앞으로 너의 인생은 하늘과 땅만큼의 차이가 날 것이기 때문이다. 그렇다고 네가 시간을 어떻게 쓰는지에 대해 이러쿵 저러쿵 간섭하고 참견하려는 것은 아니다. 그러나 이제부터 너의 긴긴 일생 중 어느 한 시기, 즉 앞으로 몇 년간의 기간에 관해서 이야기하려 한다.

한번 가버린 시간은
다시 돌아오지 않는다

인류가 축적한 지식의 양은 1900년대까지 한 세기가 지날 때마다 배로 늘어났고, 제2차 세계대전 종료 당시에는 지식이 25년 만에 배가 되었다고 한다. 하지만 오늘날 지식의 양은 5년마다 배로 늘어나고 있다. 이런 상황에 비추어볼 때, 노력하지 않아도 지금의 위치를 계속 지킬 수 있다고 여기는 사람들은 더 이상 설 곳이 없을 것이다.

나는 직장을 그만둔 후에는 수많은 책을 쌓아두고 읽으며 보낼 것이다. 네 나이만 할 때 단단한 가치관을 기반으로 지식을 축적하였기 때문에 지금 내가 어떤 훼방도 없이 독서의 즐거움을 누릴 수 있는 것이라고 생각한다. 물론 그때 좀 더 노력했더라면 지금 더 즐겁고 행복했을지도 모른다는 생각이 들기도 한다. 아무튼 책 읽기는 지금의 내 삶에 새로운 즐거움이다.

돌이켜 생각해 보면 젊었을 때 어느 정도 지식을 쌓아두어 참 다행이라는 생각이 든다. 물론 그렇다고 해서 놀았던 시간이 아무 의미 없이 헛되다는 뜻은 아니다. 취미 활동, 오락, 다양한 놀이 등은 삶에 감흥을 더해준다. 따라서 많은 젊은이가 이러한 여가를 즐기고 싶어 하는 것은 당연하다.

나는 젊었을 때 실컷 놀았다. 사람은 미지의 영역이 이미 아는 영역보다 더 가치 있고 흥미롭다고 여기는 경향이 있다. 나는 다행히 실컷 놀아봐서 논다는 것이 무엇인지 이미 알고 있으므로 그것에 대해서는 후회되는 것이 없다. 젊을 때 실컷 놀지 못했다면 지금쯤 노는 것에 대한 환상이 생겨 노는 것이 대단한 것이라고 착각했을지도 모른다.

이것은 일도 마찬가지이다. 경험하지 못한 일에 대해서도 유사한 환상을 가지는 사람들이 있다. 어떤 직업을 실제로 경험해보지도 않고, 그 직업이 어쩐지 대단할 것 같다거나 그 직업에 종사하고 싶다고 말하는 사람들이 있다. 하지만 실상과 상상은 다르고, 직접 겪어보지 않고는 그 실체를 잘 모른다.

나는 다행히 일도 잘하고 노는 것도 잘했다. 돌아보면 일도 하고 놀기도 한 건 정말 잘한 일이었다. 하지만 딱 한 가지 행동만은 후회한다. 그것은 바로 젊은 시절 미래를 진중히 계획하지 않고 게으르게 시간을 소비한 것이다. 일도 열심히 하고 잘 놀기도 한 것은 모두 좋은 경험이 되었지만, 그때 미래를 철저하게 계획하지도, 청사진을 그리지도 않은 것은 정말 아쉬움으로 남는다.

앞으로의 2년은 네 인생에서 너무나도 소중한 시간이므로 가치 있게 보냈으면 좋겠구나. 아무것도 하지 않고 지금을 흘려 보낸다면 지식도 쌓지 못하고 삶을 허비하게 될 것이다. 하지만 주어진 시간을 가치있게 쓰면, 마치 저축처럼 그 시간에 이자가 쌓여 더 큰 가치로 돌아올 것이다. 먼저 앞으로 2년간 학문의 토대를 만들어라. 일단 학문의 주춧돌을 쌓는다면, 그 후 언제든 필요한 시기에 필요한 정도로 지식을 추가할 수 있다. 뒤늦게야 이를 알게 되어 학문의 기반을 닦으려 한다면 이미 때는 늦어 버린다.

또한 젊은 시절에 쌓은 기반이 없으면 세월이 흐를수록 매력 없는 사람이 된다. 나는 네가 일단 사회에 진출한 후에는 독서를 자주 하라고 충고하지 않겠다. 우선은 독서할 시간이 부족할 것이고, 시간이 생겨도 책 읽는 것 외에 다른 경험을 하는 데도 투자하는 것이 좋다고 생각하기 때문이다.

따라서 지금이 바로 어떤 훼방도 없이 실컷 지식을 쌓을 수 있는 때이다. 물론 책상 앞에 앉아 있노라면 짜증이 날 때도 있을 것이다. 그런 날에는 이런 마음가짐을 되새기도록 해라.

　'이는 꼭 지나야 하는 관문이므로, 한 시간이라도 더 애쓰면 그 만큼 빨리 목적지에 도착할 수 있고 또한 신속하게 자유를 얻을 수 있다.'

　얼마나 더 빨리 자유를 얻느냐는 오직 네가 시간을 어떻게 사용하느냐에 달린 것이다.

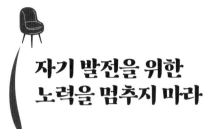

자기 발전을 위한
노력을 멈추지 마라

자신에게 주어진 능력에 최대한 끊임없이 도전하는 사람,

큰 목표를 설정해 놓고 부단히 노력하는 사람이야말로

인생의 진정한 승리자다.

_세네카

　　　　　너처럼 젊을 때는 따로 관리하지 않아도 절제
만 하면 건강을 충분히 유지할 수 있다. 하지만 두뇌는 몸과 다르
다. 때로는 머리를 적당히 쉬게 하고 절제시켜야만 한다. 현재 주
어진 몇 분을 효율적으로 사용할 수 있는지 없는지가 핵심이고, 이
는 추후 두뇌 활동에도 여파가 크다. 또한 뇌를 계속 건강하고 총
명하게 유지하고 싶다면 단련을 해야 한다. 단련한 두뇌와 그렇지

않은 두뇌는 차이가 매우 크다. 물론 선천적으로 천재인 경우도 있겠지만, 매우 드문 사례이다. 자신이 천재이기를 바라며 뇌를 발전시키려 훈련하지도 않고 기다리기만 할 수는 없다. 네가 천재인 경우에도 훈련해서 나쁜 건 없는데, 천재적인 뇌가 단련까지 한다면 훨씬 훌륭해질 것이 분명하기 때문이다.

따라서 네가 시기를 놓치기 전에 지식을 쌓을 수 있도록 최대한 노력했으면 좋겠다. 그 노력조차 못 한다면 너는 목표를 이루지 못하는 것은 물론이고 평범한 사람으로 살아가기도 힘들어질 것이다.

너의 실상을 곰곰이 되새겨 보아라. 너는 성공이 보장된 지위도 없고 재산도 없다. 내가 너를 도울 수 있는 기간이 언제까지인지도 알 수 없다. 왜냐하면 네가 성인이 되어 사회에 진출할 때쯤에는 이미 내가 은퇴했을 가능성이 높기 때문이다. 그때 너는 무엇을 바라고 어디에 의지할 수 있을지 생각해 보았으면 한다. 네가 가진 건 오로지 젊음과 패기 그리고 노력할 수 있다는 자신감뿐이다. 너는 이를 바탕으로 앞으로의 인생에 필요한 것들을 모두 직접 성취해나가야만 한다. 부모나 형제, 친척, 친구, 지인 등 누구에게도 의지하면 안 된다. 네 삶의 주인은 너이기 때문에 반드시 인생을 스스로 일궈야 한다. 네가 믿고 의지할 사람은 너밖에 없다는 사실을 기억해라.

사람들은 가끔 이런 말을 한다.

"나는 실력과 능력이 모두 좋은데 사람들이 알 수 없는 이유로 나를 인정하지 않는다." "성장환경이 너무 나빠서 이 모양이지만, 나도 다른 가정에서 자랐더라면 실력이 좋았을 것이다."

이는 내 경험에 비추어 보면 틀린 말이다. 상황이 어떻든 능력이 뛰어난 사람은 능력의 대가를 얻고, 성공도 하게 된다.

태도가 인생이 된다

내가 말한 '능력이 뛰어난 사람'은 식견과 지식은 물론 바른 태도까지 가진 사람을 말한다. '식견'은 인생에서 너무나도 중요한 요소이다. 식견이 좁은 사람이 결국 외로운 삶을 살게 된다는 것은 확실하다.

'지식' 또한 마찬가지이다. 자신의 목표가 무엇이든 지식을 충분히 습득하여야만 한다. 피상적 지식만으로는 목표를 달성하기 힘들다. 무슨 일이든 신속하게 분석하고 빨리 결정할 수 있도록 탄탄한 지식을 쌓아야만 한다.

태도도 정말 중요한데, 사람의 태도에 따라 식견이나 지식이 빛나기도 하고 빛을 잃기도 하기 때문이다. 타인의 마음을 얻으려면 식견과 지식보다는 훌륭한 태도가 필요하다.

지금 내가 하는 말이 누구나 아는 말 혹은 지겨운 잔소리라는 생각이 들지도 모르지만, 속는 셈 치고 따라주기 바란다. 여기 적은 말은 내가 오랜 세월 고생하며 얻은 지혜의 정수이자, 너에 대한 사랑의 증거이기도 하다.

아직 너는 어리기 때문에 미래를 생각하고 앞날에 대해 진지하게 고민한 경험이 없을지도 모른다. 만일 그렇다면 내 말에 공감하기 어려울 수도 있지만, 그래도 내 말을 잘 들어주기 바란다. 그러면 내 조언이 쓸모없는 것은 아니었음을 알게 되는 순간이 반드시 올 것이다.

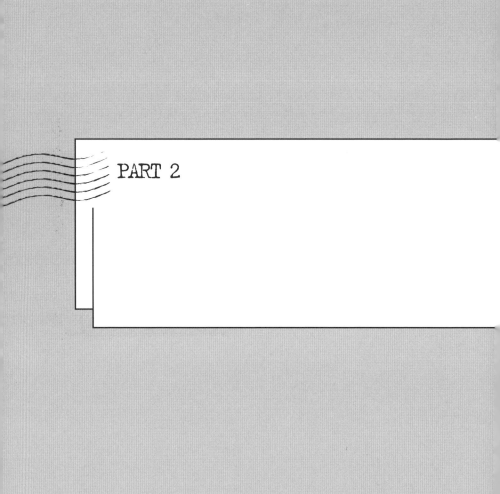

PART 2

큰 그릇일수록
더 많은 것을 담을 수 있다

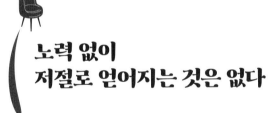

노력 없이
저절로 얻어지는 것은 없다

게으름에 대한 하늘의 보복은 두 가지가 있다.

하나는 자신의 실패요, 하나는 그가 하지 않은 일을 한 옆 사람의 성공이다.

_르나르

너에게 '나태'에 대해 일러두려고 한다. 나의 부성애는 마냥 온화한 모성애와는 차이가 있다는 것을 너도 잘 알 것이다. 내 생각에 부모의 책임이자 권리는 자식의 단점을 신속히 찾아내어 고치도록 돕는 것이다. 그리고 자식의 의무이자 권리는 부모가 알려준 단점을 고치고자 애쓰는 것이다.

다행히 아직 너의 인격과 능력에서 특별한 문제점을 찾아내지는 못하였다. 하지만 가끔 너는 어떤 일에 집중하지 못하거나 너무나 무심히 지나치는 등 나태한 모습을 보여준다. 몸도 마음도 약한 노인도 아니고, 청년은 절대 이런 모습을 보이면 안 된다. 한창때의 청년은 탁월한 능력을 갖추고 타인보다 더 빛나도록 열정을 불태워야 한다. 따라서 항상 재빠르게 움직여야 하고 뚝심 있게 일해야 한다. 로마의 정치가 줄리어스 시저(Julius Caesar; 100~44 B.C.)는 "훌륭한 행동이 아니면 행동이라고 말할 수 없다."고 했다.

내 생각에 너에게는 솟아오르는 활력이 부족하다. 활력이 있어야 주변 사람들을 행복하게 할 수 있고, 남들보다 탁월해지기 위한 노력도 할 수 있다.

존경받을 정도로 가치 있는 사람이 되고 싶다면, 일단 그런 사람이 되기 위하여 노력해야 한다는 진리를 다시 한번 강조하고 싶다. 노력도 하지 않고 타인으로부터 존경받기만 바라는 사람은 어리석다. 마찬가지로 남에게 즐거움을 주기 위해 노력하지 않는다면, 남을 즐겁게 할 수 없을 것이다.

사람은 누구나 자신이 원하는 모습으로 성장할 수 있다. 선천적 재능이 평범한 사람이라도 집중력을 꾸준히 키우고 자신의 능력을 계발해 나간다면, 얼마든지 자신을 원하는 대로 성장시킬 수 있다.

너는 곧 거대하고 빠르게 변화하는 사회의 구성원이 될 것이다. 지금부터 준비해야 사회에서 성공할 수 있다. 그러기 위해 지금부터 네가 해야 할 일이 무엇인지 깊이 생각하여야 한다. 세계 각국의 이해관계, 경제, 정세, 역사, 관습, 상태 등 여러 방면에서 다양한 지식을 쌓아야 한다. 이러한 지식은 평범한 사람이라도 조금만 노력하면 쉽게 축적할 수 있다. 지식을 쌓을 수 없다고 변명하지는 말았으면 좋겠다. 네가 스스로 한계를 정해두지 않는다면, 한계는 없다. 그리고 해야 할 일이 무엇인지 잘 알면서도 하지 않는 것은 어떤 말로도 변명할 수 없다. 그런 태도가 바로 나태이다.

이 세상에
이룰 수 없는 일은 없다

태만한 사람은 무슨 일을 하든 그 일을 완성하려고 노력하지 않는다. 그 일이 조금이라도 골치 아프거나 힘들면 금방 실망한다. 그래서 목표로 한 일을 다 해내기도 전에 중단하고, 그 일에 대한 피상적인 지식만 쌓고 만족해버린다. 사실 가치 있는 일을 익힐 때는 머리가 아프고 힘들 수밖에 없다.

어떤 일을 참고 견뎌서 해내지 못하고 조금만 힘들어도 포기하는 태도는 아무것도 모르는 바보로 사는 것에 만족하겠다는 것과 같다.

이런 태도를 가진 사람들은 항상 '할 수 없다'라고 한다. 어떤 일을 하기 전에 겁부터 먹는다. 진지한 마음가짐으로 임하기만 한다면, 실제로 할 수 없는 일은 거의 없는데도 말이다. '할 수 없는 일'과 '하기 힘든 일'은 분명히 다르다. 어떤 일이 어렵다고 해서 해보려고 하지도 않는 태도는 나태함의 징표일 뿐이다.

나태한 사람의 경우 한 가지 일에 한 시간 집중하는 것도 힘들어한다. 그래서 깊이 파고들지 않고, 맨 처음 인식한 그대로 이해해 버린다. 일의 다양한 측면에 대해 사고하는 걸 귀찮아하는 것이다. 나태한 사람이 집중력과 통찰력이 있는 상대방과 이야기를 나누면, 아무 말이나 늘어놓아 금방 게으르고 무식한 사람이라는 것을 들킨다. 성가시거나 힘든 일이 생기더라도 포기하거나 회피하지 말아야 한다.

다양한 분야의
상식을 알아두어야 한다

일반인은 몰라도 상관없지만 특정한 직업을 가진 사람은 알아야 하는 지식이 있다. 그런 전문지식은 깊이 파고들 필요가 없다. 예를 들어, 항해학 용어 같은 전문지식은 피상적이고 일반적인 정도만 알아도 충분하다.

　하지만 어떤 직업을 가진 사람이든 공통적으로 알아야 할 지식은 철저히 습득해야 한다. 예를 들어 논리학과 수사학, 지리, 철학, 역사, 어학 지식은 세세히 알아야 한다. 이런 넓은 범위의 지식 체계를 모두 이해하는 것은 힘든 일이며, 상당한 노력을 필요로 한다. 그렇더라도 지식을 하나하나 배우고 익히다 보면 결국 머릿속에 드넓은 지식이 쌓이는 순간이 생긴다. 그 지식은 가치를 매길 수 없는 재산이 된다. 네가 나태한 사람들처럼 그런 일은 할 수 없다는 핑계를 대지 말았으면 좋겠다. 신체적인 일이든 정신적인 일이든 할 수 없는 일은 매우 드물다. 어떤 일에 몰입할 능력이 없다고 말하는 것은 바보를 자처하는 것이나 다름없다. 노력하면 할 수 있는 일을 하지 못하겠다고 하는 것은 수치스럽고 어리석은 짓이다.

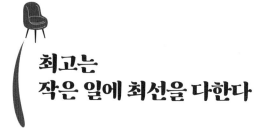

최고는
작은 일에 최선을 다한다

항상 오늘만을 위하여 일하는 습관을 만들어라.

내일은 저절로 찾아온다.

그리고 그와 동시에 새로운 내일의 힘도 찾아오는 것이다.

_C. 힐티

매일매일 중요하지 않은 일을 하느라 바쁜 사람들이 있다. 이런 사람들은 어떤 일이 가치 있고 중요한지 판단하지 못하여, 중요한 일에 써야 할 노력과 시간을 사소한 일에 다 써버린다. 그들은 사람을 만나 대화할 때 상대방의 인품을 알려 하지 않고, 상대방의 옷차림에만 신경 쓴다. 연극을 관람할 때에도 극의 내용에 몰입하지 않고 무대 장식 같은 부차적인 것만 본다. 정치에 대해 판단할 때에도, 정책이 내실 있는지 따지기보다 형식적 요소에만 신경 쓴다. 이런 사람은 아무 일도 못 한다.

그런데 위의 예와는 달리 중요하지 않아 보여도, 하지 않으면 타인을 행복하게 해주거나 타인의 호감을 살 수 없는 작은 일들도 있다. 이런 일들은 아무리 사소해 보여도 탁월한 사람이 되려고 경험과 지식을 쌓고 바른 태도를 익히는 것과 마찬가지로 노력을 통해 익혀야 한다.

작은 일이라도 배울 가치가 있는 것은 최선을 다하여 익혀야 하며, 그러기 위해서 가장 중요한 요소는 집중이다. 사소하지만 옷 입는 법, 춤추는 법 같은 것도 신경 써야 한다. 옷은 지나치게 튀게 입는 것보다는 다른 사람의 시선을 감안해 적당한 정도로 예의를 지켜 단정하게 입는 것이 중요하다. 춤은 요즘 청년들이 매우 중요하게 생각하는 것으로, 우스운 동작이라고 무시하거나 너무 가볍게 여기지 말고, 성실하고 단정한 태도로 배워야 한다. 결국 복장도 춤 동작도 단정하게 하도록 노력해야 한다.

눈앞에 있는 사람이나 사물에 집중해라

톨스토이가 쓴 단편소설에서, 한 왕이 현자에게 나라를 이끌며 생긴 세 가지 의문에 관하여 물었다.

첫 번째, 세상에서 제일 귀한 시간은 언제인가?

두 번째, 세상에서 제일 귀한 사람은 누구인가?

세 번째, 세상에서 제일 귀한 일은 무엇인가?

현자는 다음과 같이 답하였다.

"세상에서 제일 귀한 시간은 지금이고, 가장 귀한 사람은 현재 내 앞에 있는 사람이고, 가장 귀한 일은 내 앞에 있는 자에게 선행을 베푸는 일입니다."

일반적으로 산만하다는 말은 어떤 사람의 이해력이 낮거나 현재에 집중하지 않고 다른 생각을 한다는 뜻이다. 아무도 이런 사람과 같이 있고 싶어 하지 않으며, 어디에서도 현재에 집중하지 못하는 사람을 환영하지 않는다.

산만한 사람은 지인끼리 만나는 모임에서 이야기를 나눌 때도 대화에 잘 끼지 못한다. 가끔 대화에 끼어들어 생뚱맞은 말을 하는 경우도 있는데, 집중을 못하니 전체적인 대화 흐름에 안 맞는 말을 해서 눈총만 받는다. 물론 아이작 뉴턴 같은 천재는 많은 사람들 속에서 자신만의 생각에 푹 잠겨있어도 이해받을지 모른다. 하지만 천재가 아닌 일반인은 그런 행동을 하면 이해받기 힘들다. 따라서 그러한 흉내를 조금이라도 내는 경우, 지인들이 그 사람을 멍청하다고 생각하거나, 심지어 따돌리기까지 한다.

사람들은 대부분 산만하고 집중력이 떨어지는 사람과 함께 있는 것을 매우 불쾌하게 여긴다. 현재 함께 있는 사람에게 집중하지 않는 것은 상대방을 모욕하는 것이나 마찬가지이다. 사랑하고 존중하는 사람과 함께 있으면 다른 일에 마음을 쏟기 어려운 것이 인간의 본성이다. 누구나 주목할 가치가 있는 타인 앞에 있을 때는 그 사람에게 온전히 집중하게 된다.

개인적으로 마음이 콩밭에 있는 사람과 같이 있는 것보다는 차라리 죽은 사람과 같이 있는 것이 더 낫다고 생각한다. 적어도 죽은 자는 내가 모욕감을 느끼도록 만들지는 않기 때문이다. 하지만 같이 있을 때 현재에 마음을 쏟지 못하고 산만한 태도를 보이거나 면 산만 보는 사람들은 평생 탁월한 지인들과 함께하더라도 아무것도 얻지 못하고 생을 마감할 것이다. 또한 지금 하는 일 혹은 해야 할 일에 온 마음을 쏟지 못하는 사람은 좋은 말벗이 될 수도, 훌륭한 일을 이루어낼 수도 없다.

너무 깊은 사색에 빠지지 마라

나는 네 교육을 위해서라면 돈을 아끼지 않지만 네가 산만해졌을 때 주의를 환기하는 사람까지 두고 싶지는 않다. 물론 네가 라퓨타 사람들처럼 너무 깊은 사색에 빠져 주의가 산만해지리라고는 생각지 않는다. 아무튼 네가 부주의해져서 주의를 환기할 사람을 고용해야 하는 상황이 생기지 않길 바란다.

'주의를 환기하는 사람'은 영국의 풍자 작가인 조나단 스위프트 (Jonathan Swift; 1677~1745)가 집필한 책 《걸리버 여행기》에 등장한다. 책에 나오는 라퓨타 사람들 중에는 항상 사색의 늪에 빠진 철학자들이 있다. 그들은 주의를 환기해 주는 사람이 귀나 목 같은 기관을 만져주지 않으면 말을 들을 수도 없고 할 수도 없다. 그래서 경제적으로 여유 있는 가정에서는 하인으로 주의를 환기해 주는 사람을 고용하여 철학자들의 청각 기관과 발성 기관을 건드리게 했다. 왜냐하면 철학자들이 하인들의 도움 없이는 외출도 못 하고, 남의 집에 가지도 못하고, 산책조차 못 하기 때문이다. 예를 들어 사색에 잠겨 있다가 위험한 상황이 발생했을 때, 주의를 환기하는 사람이 눈꺼풀을 건드려 그것을 알려주지 않으면 철학자들은 기둥에 머리를 부딪치거나 벼랑에서 떨어질 수도 있다.

앞서 말했듯이 나는 네가 라퓨타 사람들처럼 사색에 빠져 주의가 산만해질 거라고 여기지는 않는다. 너는 생각을 별로 하지 않는 편이지만, 단점을 고치겠다는 생각을 과하게 하여 주의를 환기하는 사람이 필요해질 상황을 만들지는 말아라.

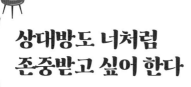

상대방도 너처럼
존중받고 싶어 한다

친구를 얻고, 이쪽의 생각에 따라오게 하는 가장 확실한 방법은

상대의 의견을 충분히 받아들이고,

상대의 자존심을 만족시켜주는 것이다.

_데일 카네기

주의를 환기해 줄 사람을 고용할 정도까진 아니지만, 너는 주변 사람들에 대하여 충분히 주의를 기울이지 않는 편이다. 이러한 태도는 주변 사람들을 바보 취급하는 것과 마찬가지이므로 고쳐야 한다. 세상에 무시당해도 될 만큼 생각 없고 쓸모 없는 인간은 없다.

물론 개중에는 그리 똑똑하지 못한 사람도 있고, 어리석기까지

한 사람도 있을 것이다. 그렇다고 그런 사람들을 대놓고 무시하지는 말아야 한다. 누군가가 어리석어 보인다고 겉으로 드러내놓고 무시하면 도리어 네 신세를 망치게 될 것이다. 어떤 사람을 미워하는 것은 자유이지만, 그런 마음을 드러낼 필요는 없다. 미워하는 마음을 숨기는 것은 비겁한 태도가 아니며 때에 따라 사려 깊은 것이 될 수도 있다.

네가 미워하는 사람에게도 언젠가 도움받을 일이 생길 수 있기 때문이다. 그럴 때, 네가 그 사람을 드러내놓고 괄시한 적이 있다면 그는 절대로 너를 도와주지 않을 것이다. 차라리 나쁜 짓을 했다면 사과하고 용서받을 수 있지만, 모욕을 한 경우 상대방의 마음에 상처를 주었기 때문에 용서받기 힘들다.

사람은 누구나 자존심이 있는데, 자존심에 상처를 입었다면 그 일은 마음에서 지워지지 않을 것이다.

말 한마디로
평생의 원수가 될 수 있다

상대의 단점이나 약점을 대놓고 자극하는 것도 상대를 바보 취급하는 것만큼 나쁜 일이다. 특히 친밀한 사이일

수록 상대방의 단점과 약점을 보듬고 포용하여야 한다. 아무리 친한 사이라 하더라도 자신의 단점과 약점을 친구에게 고백하는 사람은 드물다. 자존심이 상하기 때문이다. 또한 정중히 잘못을 지적해주는 친구는 있어도 상대의 어리석은 측면을 대놓고 건드리는 사람은 거의 없다. 스스로 단점에 대해 털어놓든 남이 그것을 지적하든 자존심이 크게 상한다는 걸 알기 때문이다.

누구라도 모욕적인 말을 들으면 화낼 정도의 자존심은 있다. 따라서 평생 가는 원수를 만들고 싶지 않다면, 어떤 사람이 아무리 모욕받아 마땅해 보인다 해도 절대 대놓고 그 사람을 모욕해서는 안 된다.

남의 약점은
절대 농담으로라도 말하지 마라

가끔 남의 결점과 약점을 농담 삼아 여러 사람 앞에서 말하는 사람들이 있다. 사람들을 즐겁게 해주거나 우월감을 드러내고자 이런 행동을 하는 것인데, 이것만큼은 절대 하면 안 된다. 확실히 그때는 주위 사람을 웃겼을지 몰라도 농담의 소재가 된 사람은 깊이 상처받는다. 더욱이 농담을 들었을 때 함께 즐겼던

지인들도 누군가를 바보로 만들었다는 것에 찝찝한 마음을 갖게 되고, 결국 농담한 사람까지 멀리하게 될 것이다.

　다른 사람의 결점과 약점을 공격하는 것은 품격 없는 행동이며, 올바른 인격을 갖춘 사람은 타인의 불행이나 결점을 여러 사람 앞에서 말하지 않는다. 네가 지혜와 재치를 갖추었다면 이를 타인을 공격하는 데 쓰지 말고, 타인을 즐겁게 하는 데 쓰길 바란다.

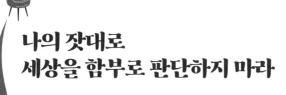

나의 잣대로
세상을 함부로 판단하지 마라

완벽하게 거짓을 꾸며낼 수는 있지만, 끝까지 그것을 관철시킬 수는 없다.
거짓말은 무게가 없기 때문에 달아보면 꼼짝없이 들통나게 되어있다.

_이드리스 샤흐

네가 보낸 편지는 잘 읽었다. 네가 로마 가톨
릭교회에 대해 날조된 이야기를 접하고, 그 이야기를 맹목적으로
믿는 신도들을 보고 얼마나 당황했을지 이해한다. 하지만 아무리
잘못된 사고를 하고 있더라도, 그들이 마음을 다해 잘못된 이야기
를 믿는 경우 비웃거나 비난하면 안 된다. 판단력이 부족해서 세상
을 바른 시각으로 보지 못하는 건 불행한 일이지, 비난과 비웃음을

받아야 할 일이 아니다. 따라서 그들을 정중하게 대해야 하며, 가능하면 바른 방향으로 대화를 이끌겠다고 마음먹어야 한다.

사람은 모두 자신만의 생각이 있다. 따라서 타인의 생각이 자신과 같아야 한다고 믿는 것은, 타인의 몸집과 체형이 자신과 같아야 한다고 믿는 것만큼이나 어리석은 생각이다. 누구나 자신의 가치관이 올바르다고 믿으며 산다. 그러나 누가 진정으로 옳고 그른지 판단하려면 긴 시간이 흘러야 한다.

그러므로 그 사람의 생각이 너와 다르다고 해서 어리석다고 여기는 것은 바보 같은 짓이다. 타인의 믿음이 너와 다르다고 이교도로 여기는 것도 분별력 없는 짓이다. 사람이라는 존재는 자신이 생각하고 싶은 대로 생각하고, 믿고 싶은 대로 믿는 특성이 있다. 따라서 비난받아야 할 것은 거짓말을 한 사람이지, 그것을 믿은 사람이 아니다.

거짓말하지 말고 당당하게 살아라

거짓말은 비열하고 멍청한 짓이며, 큰 죄이다. 거짓말은 경쟁심, 비열함, 허세 때문에 하게 되는데, 거짓말로 목적을 달성하는 경우는 거의 없다. 언젠가는 들킬 수밖에 없기 때문이다.

예를 들어, 어떤 사람이 누군가의 성공을 질투해 거짓말을 했다면 얼마간은 상대에게 타격을 입힐 수 있을지도 모른다. 그렇지만 가장 고통받는 건 결국 자기 자신이 될 것이다. 거짓말임이 드러났을 때 가장 상처 입는 것은 자기 자신이기 때문이다. 더욱이 그런 뒤에는 상대방에 대해 안 좋은 말을 하면 그 말이 진실이라 하더라도 모두가 단순한 비난으로 간주할 것이다.

그리고 자신의 명예가 훼손되거나 수치스러운 상황이 생길까 봐 거짓말하거나 변명한다면, 머지않아 그 사람은 자기의 거짓말과 그 원인이었던 불안 때문에 도리어 명예를 더럽히는 창피를 당하게 된다. 그는 인간 중에서 가장 품격 없고 비겁한 사람이라는 것을 스스로 보여준 셈이다. 이런 경우 주위 사람들이 손가락질해도 어찌할 도리가 없다.

고의가 아니었다 해도 실수나 잘못을 저질렀다면 거짓말하지 말고 솔직하게 인정하는 당당한 모습을 보여야 한다. 잘못을 솔직히 시인하는 것만이 반성하고 사죄할 수 있는 최선의 방법이다.

무례나 잘못을 덮으려고 얼버무리거나 속이고 변명하는 태도는 결코 보기 좋은 모습이 아니다. 그런 태도는 네가 무엇을 두려워하는지 상대에게 알려주는 것이나 다름없다. 그러므로 그런 변명이나 거짓말이 실패하는 것은 당연한 일일 것이다.

명예나 양심을 손상하지 않고 품격 있는 인생을 살고 싶다면 거짓말을 하지 말고 당당하게 행동하여야 한다. 이 말은 네 목숨이 다할 때까지 마음속에 담아 두어야 한다. 당당하고 품격 있는 삶을 사는 것은 인간의 당연한 의무이자 본연의 모습이기 때문이다. 너도 알다시피 어리석은 사람일수록 거짓말을 잘하므로, 나는 어떤 사람이 거짓말을 얼마나 많이 하는지를 보고 그 사람의 지능과 인격에 대해 판단하곤 한다.

새로운 미지의 세계로 나아갈 너에게

세상 사람들은 인격과 명성을 동일시하고 혼동하기 쉽다.

인격은 그 사람 안에 갖춘 마음의 자태이지만,

명성은 그 사람의 인생을 남이 마음대로 평판하는 외부적인 소리다.

_R.W. 에머슨

오늘은 사람의 태도와 성격에 대해 말하고 싶다. 태도와 성격에 대한 이야기는 네 나이에 얻기 힘든 지식이며, 나이 든 후에도 이에 대해 생각해볼 만한 가치가 있다. 그런데 청년들에게 여기에 대해 알려주는 사람이 어디에도 없다. 나는 전부터 이를 의아하게 생각했다. 학교는 이를 알려주는 것을 가정의 역할로 보고, 가정은 학교의 역할로 보아서 그런 것인지도 모른다.

학교의 교수나 교사는 자신의 전문분야나 언어를 가르칠 뿐 그 이외의 것은 가르치려 하지 않는다. 아니, 어쩌면 가르치지 않는다 기보다는 가르칠 수 없다고 말하는 것이 옳을지도 모르겠다. 이 점은 부모도 마찬가지이다. 부모 중에는 자식을 사회로 내보내면 스스로 그런 지식을 얻을 수 있을 거라고 생각하는 사람이 있다. 세상일을 이론만으로 설명할 수는 없기 때문에 그러한 생각이 옳을 수도 있다. 그렇지만 청년들이 미로와도 같은 사회에 나가기 전에, 사회생활을 해본 경험이 있는 사람이 약도 정도 그려주는 것은 바람직하다고 생각한다.

위엄을 갖추어야 존경받는다

아무리 탁월한 사람이라도 다른 사람들에게 존경을 받으려면 어느 정도는 위엄이 있어야 한다. 예를 들어 바보같이 웃으며 다른 사람에게 방해될 정도로 큰 소리로 농담을 한다거나, 야단법석을 떠는 것은 위엄 있는 모습이 아니다. 이런 행동을 하는 사람은 풍부한 지식과 아름다운 인격을 갖추었다 하더라도 존경받지 못하며, 사람들의 업신여김까지 받을 수 있다.

활달한 것은 좋은 특성이지만, 그것이 과하면 품위 없어 보일 뿐이다. 과도하게 싹싹한 사람의 경우 손윗사람의 노여움을 사거나 꼭두각시나 아첨꾼이라는 평판을 얻는다. 그리고 사람들이 감탄할 만한 재치와 기지가 담기지 않은 실없는 농담만 하는 사람은 어릿광대 취급만 받을 뿐이다.

결국 태도와 성격에 관계없이 한 가지 특징 덕분에 인기를 얻거나 친구로 받아들여진 사람이 존경받기란 힘들다. 사람들에게 적당히 이용당할 뿐이다.

사람들은 "저 사람은 유머 감각이 있으니 함께 식사하자. 노래를 잘하니 같이 놀자. 춤을 잘 추니 무도회에 부르자." 같은 말을 종종 한다.

이런 말은 사실상 찬사가 아니고 비난이라 할 수 있다. 특정한 사람을 지명하여 광대 취급하는 것이다. 이런 말은 어떤 사람에 대한 온당한 평가가 아니다. 물론 그 사람에 대한 존경심에서 나온 말도 아니다.

어떤 특기를 가졌기 때문에 특정 무리에 받아들여진 사람은 그 특기를 빼면 시체나 다름없는 것이다. 무리에 속한 사람들이 그 특기 이외에 그의 다른 측면에 주목하지 않으므로, 그는 다른 뛰어난 점이 많아도 존경받지는 못한다. 결론을 말하자면, 고유한 태도나 인격과 무관한 특기가 눈에 띄어 어떤 무리에 받아들여진 사람은 그 무리에서 존경받기가 매우 힘들다.

오만함은 품격을 떨어뜨린다

그렇다면 위엄 있는 태도란 무엇일까? 위엄을 갖춘 태도와 오만한 태도는 비슷한 것이 아니다. 오히려 반대되는 것이라고 할 수 있다. 시시한 농담과 기지가 다른 것처럼, 오만한 태도는 결코 용기가 아니다. 오만한 태도는 한 인간의 품격을 가장 많이 떨어뜨리는 요소이다. 오만한 사람의 자신감은 괄시와 조소를 부르고, 타인을 화나게 만들 뿐이다. 오만한 태도를 가진 사람은 마치 어떤 물건을 말도 안 되게 비싼 값으로 팔려고 하는 상인과 같다. 그런 상인을 만나면, 소비자도 말도 안 되게 싼값을 부르며 가격을 깎으려고 한다. 하지만 처음부터 타당한 가격을 부르는 상인을 만나면 괜히 에누리하려고 하지 않는다. 위엄 있는 태도는 뭐든지 잘하는 사람처럼 행동하거나, 무조건 아부하는 것이 아니다. 큰소리로 시비를 걸거나 모든 일을 거절하는 것도 아니다. 겸손하게 자신의 의견을 밝히고 타인의 말도 긍정적으로 받아들이는 것이 품격 있는 태도이다.

어떤 사람이 품격 있어 보이는 데는 외적인 요소도 중요하게 작용한다. 동작이나 표정을 엄숙하면서도 진중한 느낌이 나도록 연출하면 품격 있어 보인다. 이를 기본으로 하여 우아함과 밝음, 유머 감각까지 갖추면 더욱 좋다. 반면에 몸놀림이 진중하지 못하여 침착함이 전혀 느껴지지 않거나, 실없이 웃기만 하는 경우에는 사람이 경솔하고 어리석어 보인다. 나쁜 습관에 익숙해져 몸놀림을 바로 하지 못하는 사람은 외적으로 품격 있어 보이기 힘들다. 하지만 외적인 품격을 갖추지 못한 사람이라도 당당하고 격식 있게 행동한다면, 조금이라도 덜 경솔해 보일 것이다.

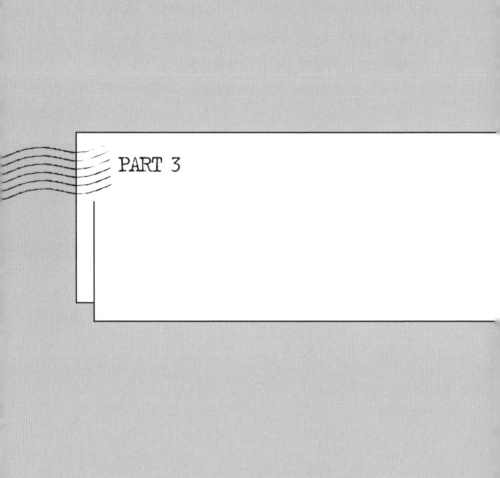

PART 3

네 삶의 주인은 너 자신이다

오늘 1분을 비웃는 자, 내일 1분에 운다

한창때는 다시 오지 않고, 하루가 지나면 그 새벽은 다시 오지 않는다.

때가 되면 마땅히 스스로 공부에 힘써야 하며

세월은 사람을 기다리지 않는다.

_도연명

        많은 돈을 슬기롭게 소비하는 사람은 매우 적다. 또한, 어떻게 하면 시간을 지혜롭게 소비할 수 있을지 고민하는 사람은 더 적다. 많은 사람이 친구가 돈을 빌리려고 하면 여러 가지 요소를 따지지만, 친구가 시간 좀 달라고 하면 별생각 없이 알겠다고 한다. 그러나 시간을 슬기롭게 쓰는 것이 돈을 슬기롭게 쓰는 것보다 훨씬 중요하다. 나는 네가 돈과 시간을 지혜롭게 사용할 줄 아는 사람이 되기를 바란다.

젊은 시절에는 시간은 마구 써도 사라지지 않는다거나 시간이 충분하다는 잘못된 인식을 하기 쉽다. 하지만 시간을 낭비하는 것은 재산을 허비하는 것과 유사하여, 그것이 잘못되었다는 것을 알게 된 후에는 돌이킬 수 없는 경우가 대부분이다. 윌리엄 3세와 앤 여왕, 조지 1세 시대에 재무대신이었던 라운즈는 생전에 이런 말을 남겼다.

"1펜스를 우습게 보지 마라. 1펜스라고 비웃은 사람은 결국 1펜스 때문에 울게 될 것이다."

이 말은 진실이며, 그는 이 말에 따라 살아서 두 손자에게 어마어마한 재산을 상속해주었다.

라운즈의 말을 시간에 적용해보면, "오늘 주어진 1분을 비웃은 사람은 내일 1분에 울게 된다."라고 할 수 있다. 5분이나 10분 정도의 짧은 시간을 멍하니 날려버리면, 하루 24시간 중 많은 시간을 허비할 수밖에 없다. 그렇게 허비한 시간이 1년 동안 축적되면 매우 긴 시간이 되어버린다.

자투리 시간을 잘 활용해라

네가 12시에 약속이 있다고 해보자. 너는 약속 시간 전에 두세 명의 집에 방문하려고, 11시에 집을 나섰다. 그런데 그 두세 명 중 누군가가 집에 없다면 너는 어떻게 행동하겠느냐? 커피숍에 가서 시간을 보낼까? 나라면 커피숍에 가지 않고 집으로 돌아가 편지라도 쓸 것이다. 그러면 약속 장소에 가는 길에 편지를 우체통에 넣을 수 있기 때문이다.

편지를 다 써도 시간이 남는다면, 그때는 독서라도 한다. 남은 시간이 짧으므로 말르브랑슈(Malebranche; 1638~1650. 프랑스의 철학자)나 로크(Locke; 1632~1704. 영국의 철학자), 뉴턴 혹은 데카르트(Descartes; 1596~1650. 프랑스의 철학자)의 책처럼 이해하기 힘든 책을 읽는 것은 적합하지 않을 것이다. 그보다는 와라, 브왈로, 호라티우스(Horatius; 65~8 B.C. 로마의 시인)의 저서처럼 흥미로우면서도 지적인 책을 읽는 것이 나을 것이다. 이렇게 시간을 효율적으로 사용하는 습관을 들이면, 시간을 절약할 수 있고, 따분하게 보내지 않게 될 것이다.

많은 사람이 시간을 헛되이 흘려보낸다. 안락의자에 기대앉아 하품하며 어떤 일을 시작하기에는 시간이 부족하다고 말한다. 이런 사람은 시간이 충분하여도 결코 어떤 일을 시작하지 않는다. 그러다가 아무 일도 못한 채 시간만 흘려보낸다. 한숨이 나오는 성격이라는 말밖에는 할 말이 없다. 이런 사람은 학업을 하든지 일을 하든지 큰 성공을 거둘 가능성이 매우 낮다.

특히 네 나이에 세월아 네월아 하는 것은 두고볼 수 없다. 이제 겨우 사회에 나갈 준비 정도 하고 있으므로, 부지런하고 끈기 있으며 활력 있게 시간을 보내야 한다. 앞으로의 몇 년이 네 삶에서 얼마나 소중한 시간인지 생각해 보았으면 좋겠다. 그러면 단 한 순간도 유야무야 흘려보낼 수 없을 것이다.

시간을 소중히 보내라는 말이 온종일 책상에만 앉아 있으라는 뜻은 아니다. 그러라고 권장하고 싶지도 않고, 네가 그랬으면 좋겠다고 생각한 적도 없다. 단지 아무것도 안 하면서 시간을 보내지 말고, 무엇이든 하라는 뜻이다. 20분, 30분을 우습게 여기고 아무것도 하지 않는다면, 1년 후에 상당한 시간을 낭비하게 된다.

하루에도 일정과 일정 사이에 빈 시간이 몇 번은 있을 것이다. 그 시간을 하품이나 하며 멍하니 흘려보내기보다는 가까이 있는 아무 책이라도 읽는 것이 낫다. 잡지 같은 가벼운 책도 좋으니 뭐든 읽는 것이 읽지 않는 것보다는 낫다.

짧은 시간도 낭비하지 마라

내 지인 중 짧은 시간도 헛되이 쓰지 않는 사람이 있다. 이 사람은 화장실에 있는 동안 고대 로마 시인의 작품을 조금씩 읽어 드디어 다 읽었다. 예를 들어 호라우티스의 시집이 읽고 싶다면, 그 시집을 문고판으로 구매하여 화장실에 갈 때마다 두 페이지씩 찢어 가지고 들어가서 읽는 것이다. 다 읽은 후에는 그것을 여신 크로아카에게 예물로 바친다. 다시 말해 버리고 나오는데, 이를 되풀이하여 결국 책을 독파한다.

이것은 확실한 시간 절약이므로 너도 한번 시험해 보기를 권한다. 화장실에 우두커니 앉아 있는 것보다 책을 읽는 것이 훨씬 낫다. 더욱이 이런 방법으로 책을 읽으면, 책의 내용이 기억에 잘 남아서 매우 효과적이다. 물론 모든 책을 화장실에서 읽으면 좋다는 뜻은 아니다. 계속해서 읽지 않으면 이해할 수 없는 과학 분야의 책이나, 내용이 어려운 책을 이렇게 읽는 것은 적절하지 않을 수도 있다. 그런 책 말고, 몇 페이지씩 찢어서 읽어도 이해할 수 있고, 유익한 책을 골라서 읽으면 좋겠다.

자투리 시간이라도 이처럼 유용하게 활용하면, 결국 상당히 많은 일을 할 수 있다. 반면, 짧은 시간이라 하여 아무 것도 하지 않고 헛되이 보낸다면, 흘러가 버린 시간을 되찾을 수 없어 후회하게 된다. 따라서 네가 매 순간을 의미 있게 보냈으면 좋겠다. 아무 일도 하지 않고 있는 것보다는 시간을 재미있게 보내는 방식을 생각해두는 것이 낫다.

이는 공부에만 한정되는 것이 아니다. 앞에서도 언급했듯이 노는 것도 때에 따라 필요하며 중요하다. 사람은 놀이를 통해 제 몫을 할 수 있는 진정한 인간으로 성장한다. 놀이는 뽐내기만 하는 가식적인 태도를 버렸을 때 인간이 어떤 모습인지에 대한 가르침을 주기도 한다. 따라서 놀 때도 빈둥거리지 말고 노는 데 모든 정신을 집중해라.

일의 우선순위를 정하여 처리해라

시간을 슬기롭게 쓰는 방법 중 하나는 일의 우선순위를 정한 후, 순서대로 처리하는 것이다. 일반적인 사업을 할 때는 뛰어난 능력이나 특별한 재능은 필요 없다. 부지런함과 분별력을 갖춘 사람이 일의 순서까지 안다면, 재능은 뛰어나지만 질서가 없는 사람보다 일을 훨씬 잘 처리할 수 있다. 너도 이제 사회인으로서 한 발 내디뎠기 때문에, 모든 일을 체계적으로 추진하는 습관을 들여야 한다. 일의 순서를 정하고, 이에 따라 일을 해나가는 태도는 일을 효율적으로 완성하기에 가장 좋은 태도이다. 시간을 배분하든, 책을 읽든, 글을 쓰든, 무슨 일을 하든지 일의 순서를 정하여라. 그러면 일이 생각한 것보다 훨씬 잘 진행될 뿐 아니라 시간이 얼마나 절약되는지 경험하게 될 것이다.

말버러(Marlborough; 1650~1722. 영국의 군인) 공작은 단 1초도 허투루 쓰지 않은 사람으로 유명하다. 그는 똑같은 1시간 안에 보통 사람보다 몇 배 더 많은 일을 처리해냈다. 뉴캐슬(Newcastle; 1592~1676. 영국의 장군) 공작이 혼란스럽거나 당황하는 모습을 보인 것은 일이 많아서가 아니라, 일에 순서가 결여되어서였다. 로버트 월폴(Robert Walpalpole; 1676~1745) 전 총리는 다른 사람보다 10배 많은 일을 하면서도 당황한 적이 없는데, 이는 일하는 순서를 미리 정해두었기 때문이다. 아무리 능력이 탁월한 사람이라도 순서 없이 일을 하면 혼란에 빠지게 되어 결국 지치고 만다.

너는 게으른 편이므로, 이제부터 부지런해지도록 노력하기 바란다. 자신을 스스로 잘 타일러서 2주 정도라도 일을 하는 순서와 방법을 정하고, 이를 실행해 보았으면 좋겠다. 그러면 정해둔 순서대로 일하는 것이 얼마나 좋은 결과를 가져오는지, 얼마나 편리한지 깨달아서, 다음에도 반드시 순서를 정해 일하게 될 것이다.

잘 노는 사람이 성공한다

일과 오락이 규칙적으로 교대하면서

서로 조화를 이루면 생활이 즐거워진다.

그러나 어떤 특정한 일이나 오락만으로는 그렇게 될 수 없다.

_레프 톨스토이

사람은 대부분 청년기에 오락과 놀이를 한 번씩 거쳐 간다. 즐거움을 찾아 패기 있게 출항하였지만, 정신을 차려보니 키를 잡기 위해 필요한 지식도 없고, 어느 방향으로 가는지 알려줄 나침반도 없다. 이래서는 결코 진정한 즐거움을 향해 항해할 수 없을 것이다. 명예롭지 못한 상처만 얻고 겨우겨우 항구에 돌아올 뿐이다.

이런 말을 하니 네가 오해할까 봐 덧붙여 말하자면, 나는 목사처럼 쾌락에 빠지면 안 된다고 설교하려는 것이 아니며, 즐거움을 피하는 금욕주의자도 아니다. 오히려 나는 쾌락주의자에 가까우므로, 너에게 다양한 놀이를 알려주고 마음껏 놀게 하고 싶다. 마음껏 놀기를 바란다는 말은 진심이다. 나는 네가 잘못된 항로로 가지 않도록 돕고 싶을 뿐이다.

네가 어떤 일에서 즐거움을 찾고 있는지 궁금하다. 친한 친구와 큰돈을 걸지 않는 절도 있는 카드놀이를 즐길지, 품격 있고 활기 있는 지인들과 즐겁게 식사하고 있을지, 배울 점이 많은 사람과 친근하게 교제하려 노력하며 즐거움을 느끼고 있을지 말이다. 나를 친구라고 생각하며 무슨 일이든 기탄없이 말해주길 바란다. 나는 네가 무엇을 하며 즐거움을 느끼는지 일일이 간섭하고 검열하고 싶은 것이 아니라, 인생을 먼저 경험해본 사람으로서 놀이의 길잡이가 되고 싶을 뿐이다.

무절제한 놀이에는 함정이 있다

청년들은 젊어서 경험이 적기 때문에, 자칫하면 자신이 무엇을 선호하는지 생각지 않고 겉으로 보기에 즐거운 것을 선택하기 쉽다. 놀이의 본질이 무절제라고 착각하는 이들도 있는데, 너는 어떤지 궁금하구나. 예를 들어 도박으로 한 달 용돈을 한번에 탕진하거나 친구에게 돈을 빌리면서까지 카드 게임에 빠져드는 것을 재미있다고 생각하고 있는 것은 아닌지 궁금하다. 몸가짐이 망가질 정도로 술을 마셔 몸과 마음을 해하는 것을 멋진 놀이라고 여기지는 않는지, 심지어 여자를 따라다니며 문란하게 행동하다 성병에 걸려 건강을 해치는 것을 인생의 재미라고 생각하는 건 아닌지 말이다.

너도 알겠지만 이런 놀이는 아무 가치가 없다. 그런데도 많은 청년이 이 가치 없는 놀이에 매혹된다. 그 이유는 분별력 없이 타인이 오락이라고 말하는 것들을 그대로 받아들이기 때문이다.

네 나이에는 당연히 놀이에 빠져들 수밖에 없고, 놀고 있는 모습이 그 나이에 가장 잘 어울리기도 한다. 하지만 너무 젊어서 놀이의 대상을 잘못 고르거나, 잘못된 놀이에 빠져들 가능성도 크다. '잘 노는 한량'이 근사해 보일 수 있겠지만, 그들이 결국 어떻게 되는지 너도 잘 알고 있으리라 믿는다.

오래된 이야기지만, 내 말을 잘 입증하는 사례가 있다. 어떤 청년이 멋진 한량이 되고 싶어서 몰리에르(Moliere; 1622~1673. 프랑스의 희극작가)가 원작자인 번역극 〈타락한 방탕아(le festin de pierre)〉를 관람하러 갔다. 이 청년은 주인공을 보고 감탄하여 '타락한 방탕자'가 되겠다고 마음먹었다. 몇몇 친구가 '타락한'은 포기하고 '방탕자'만으로 만족하라고 설득하였시만 소용이 없었다. 그는 어이없게도 "안 돼. '방탕자'만으로는 부족해. '타락한' 없이는 완전한 방탕자가 될 수 없어."라고 말했다.

너무나도 어처구니없지만, 이것이 많은 청년의 현실이다. 피상적인 것만 보고 무엇인가에 사로잡혀, 그것에 대해 스스로 깊이 생각해보지도 않고 무작정 뛰어든다. 그러다 결국 실제로 '타락해'버리는 것이다.

목적의식을 가지고 놀아라

돌이켜 생각하기도 싫지만, 너에게 조금이라도 도움을 주고 싶어서 내 경험담을 들려주려 한다. 청년기에는 나도 내 기호에 대해 생각해보고 놀 거리를 선택하기보다는 '잘 노는 한량' 같아 보이는 것이 가치 있다고 착각하였다. 그렇게 보이려고 잘 마시지도 못하는 술을 과하게 마셨고, 다음 날 숙취가 남아있는데도 술을 또 마시는 어리석은 짓을 반복하는 악순환에 빠졌다.

또한, 분별없이 도박을 한 적도 있다. 항상 경제적으로 여유가 있었으므로 돈을 벌려고 내기를 했던 것은 아니다. 단지, 도박을 하는 것이 남자다워 보여서 생각 없이 시작하였다. 하지만 마음이 내켜서 한 적은 없다. 그렇게 진정한 내 모습을 찾는 삶이 아닌 껍데기와 같은 삶을 30년이나 살아온 결과, 나는 진정한 즐거움을 느끼지 못했다.

철없던 시절 저지른 실수일지라도 동경하는 사람을 닮으려고 겉치레로 꾸며댔으니 참으로 어리석었고, 지금 생각해도 정말 부끄럽다. 세월이 흘러 그런 행동이 떳떳하지 못하다는 생각이 들어서 그만두었다. 부끄러움을 넘어 무섭기까지 했던 것이다. 전염병과 같은 해로운 놀이에 사로잡혔던 나는 그로 인하여 진정한 즐거움을 박탈당했다. 음주와 도박으로 인해 건강이 나빠졌고, 돈도 많이 잃었다. 나는 이 모든 것을 내 잘못에 대한 벌이라 여기며 반성하고 있다.

나의 바보 같은 경험을 듣고 너는 무엇을 배웠는지 궁금하구나. 나는 네가 스스로 삶의 즐거움을 찾아 선택하기를 진심으로 바란다. 생각 없이 아무 놀이나 하다가 그것에 사로잡혀선 안 될 것이다. 다른 사람들이 그런다고 너까지 그럴 필요는 없다. 너는 너이고 나는 나라고 생각해라. 우선, 지금 네가 좋아하는 놀이가 무엇인지, 그 놀이를 계속하면 무슨 일이 일어날지 생각해 보아라. 그 후에 그 놀이를 계속할지 여부를 스스로 현명하게 판단하길 바란다.

즐거워 보이는 것과
진짜 즐거운 것은 다르다

만일 내가 네 나이로 돌아가 지금까지의 경험을 다시 할 수 있다면 무슨 일을 하고 어떤 경험을 쌓을지를 생각해보았다. 물론 친구와 함께 식사하거나 술을 마시기도 하겠지만, 과식하거나 과음하여 탈이 나지 않도록 자제할 것이다.

20세에 다른 사람의 눈을 지나치게 의식하며 살 필요는 없다. 자신의 방식을 강요하거나 타인을 비난하여 미움받을 필요도 없다. 다른 사람은 어디까지나 다른 사람이므로 그가 원하는 대로 살아가도록 내버려 두어라. 하지만 자신의 건강관리는 완벽하리만큼 챙겨야 한다.

도박도 고통받기 위해서가 아니라 가볍게 즐기기 위해서라면 해도 된다. 매우 적은 돈을 걸고 다양한 친구들과 함께 하는 것을 추천한다. 하지만 내기에 돈을 어느 정도 걸지는 신중히 결정해라. 도박에서 지든 이기든 일상생활에 문제가 없도록 생활비를 조금 아끼면 수습할 수 있을 정도의 돈만 걸어라. 당연히 도박 때문에 이성을 잃어 싸우면 안 된다.

자신보다 뛰어난 교양 있는 지성인과 이야기를 나누는 시간을 가져라. 또한 책을 읽는 시간도 가져야 한다. 사교계 인사들과 친분을 나누는 것도 바람직하다. 사교계에서의 대화는 내용이 진지하지 못하고 얕은 경우가 많다. 하지만 사교계 인사들과 함께하면 활력을 얻거나 그들의 태도를 배울 수 있다.

네 나이로 돌아가 다시 삶을 산다면, 나는 앞서 말한 방식으로 즐겁게 살아가고 싶다. 앞서 언급한 내용에 동의하는지 궁금하구나. 진정한 즐거움이 무엇인지 아는 사람은 유흥을 즐기느라 건강을 해치지 않는다. 참된 즐거움에 대하여 이해하지 못하는 사람만 유흥이 진정한 즐거움이라고 착각한다. 감당하지도 못할 큰 돈을 내기에 걸었다가 져서, 상대방에게 저질스러운 욕설을 뱉어내며 자기 머리를 쥐어뜯는 사람과는 아무도 친하게 지내지 않을 것이다. 문란한 생활을 하다가 성병에 걸려서 건강을 잃은 사람과 친분을 유지하고 싶어 하는 사람도 없을 것이다.

방탕하게 생활하며 제정신이 아닌 상태로 살면서, 이를 자랑하기까지 하는 사람들을 교양 있는 이들이 받아들이지는 않을 것이다. 설령 그렇게 되더라도 기꺼이 받아들이기는 어려울 것이다. 진정한 놀이가 무엇인지 아는 사람은 품격을 잃지 않는다. 최소한 방탕한 삶을 살거나 나쁜 짓을 하지는 않는다. 너만의 놀이를 찾아서 이를 충분히 즐겼으면 좋겠다.

일의 기쁨을 아는 자만이
진짜 한량이다

일의 기쁨에 대한 비밀은 한 단어에 들어있다.

바로 탁월함이다.

무엇을 잘할 줄 안다는 것은 곧 이를 즐긴다는 것이다.

_펄 벅

노는 것은 행복한 일이다. 너만의 놀이를 찾아서 실컷 즐겨라. 하지만 타인을 모방하지는 말아라. 자신에게 진정으로 즐거운 일이 무엇인지 묻고 고민한 끝에 즐겁다고 여겨지는 놀이를 해라.

무작정 아무 일에나 손대는 사람은 어떤 기쁨도 느끼지 못한다. 성실하게 일에 집중하며 기쁨을 느끼는 사람이라야 놀이를 하면서도 기쁨을 누릴 수 있다. 고대 아테네의 장군이자 정치가 알키비아데스(Alcibiades; 450~404 B.C.)는 그런 측면에서 탁월한 인물이었다. 그는 부끄러움도 모르고 방탕하게 생활하기는 하였지만, 일과 철학 공부를 할 시간을 항상 남겨두었다.

일과 놀이 모두에 관심을 가져 상승효과까지 얻은 또 다른 사람은 바로 줄리어스 시저이다. 모든 로마 여성과 간통하였다는 추문까지 난 시저이지만, 학자로서 업적을 착실하게 쌓았으며 가장 뛰어난 웅변가 중 하나였다. 그리고 정치하는 실력이 뛰어나 로마 최고의 지도자라는 평가까지 받았다.

알키비아데스나 시저는 항상 최선을 다해 일했기 때문에 놀 때도 몰입하여 충실히 즐길 수 있었다. 건강이 나빠 보이는 호색가, 보기 싫을 정도로 살이 찐 대식가, 창백해 보이는 주정뱅이는 자신의 취미를 충분히 즐기지 못하는 사람이다. 이는 자신의 몸과 마음을 거짓된 신에게 바치는 것이나 마찬가지다.

정신이 미성숙한 사람은 놀이에서 쾌락만 추구하고, 품위 없는 놀이로 건강을 망치기도 한다. 반대로 스스로를 점검할 줄 아는 사람은 최소한의 품격을 지킬 수 있는 놀이, 자연스러운 놀이에서 즐거움을 얻는다.

교양인들은 놀이는 수단일 뿐 그 자체로 목적이 될 수 없음을 알기에, 놀이를 목적으로 삼지 않는다. 이는 놀이가 포상, 위로 혹은 일시적인 휴식에 불과하다는 것을 알기 때문이다.

아침에는 책에서,
저녁에는 사람에게서 배워라

　　　　　　　　　언제 일을 할지, 언제 놀이를 할지는 시간을
명확히 구분하는 것이 바람직하다. 일이나 공부, 명사나 지식인과
의 대화는 아침 시간에 하는 것이 좋다. 하지만 저녁은 휴식 시간
이므로, 긴급한 일이 없는 경우 취미를 즐기며 충분히 쉬는 것이
좋다. 저녁에 친한 친구들과 카드놀이를 하는 것도 괜찮다. 인품이
훌륭한 친구들과 함께하면 놀이 시간을 화목하고 즐겁게 보낼 수
있다.

　음악회에 가거나 연극을 보는 것도 추천한다. 친밀한 동료와 담
소를 나누고, 춤추거나 식사하는 것도 좋다. 분명 저녁 시간을 즐
겁고 충만하게 보낼 수 있을 것이다. 물론 아름다운 여성들에게 뜨
거운 시선을 보내도 괜찮다. 하지만, 함께 있는 사람들이 품격 있
고 예의 바른 사람들이었으면 한다. 네가 어떻게 하느냐에 따라 상
대방이 너를 대하는 태도도 달라지므로, 네가 여기에 기대를 걸어
보았으면 좋겠다. 여태까지 말한 내용이 분별 있고 진정한 즐거움

이 무엇인지 아는 사람들이 놀이를 즐기는 방법이다. 이처럼 오전에는 공부, 오후에는 놀이로 시간을 구분하여 사용한다면 너도 훌륭한 사회인이 될 수 있을 것이다.

오전 시간에 집중력을 발휘해 성실하게 공부하면, 1년 후에 많은 양의 지식을 얻을 것이다. 한편, 오후에 친구들과 교제하는 시간에는 책 밖의 지식, 세상에 대한 지식을 배울 수 있을 것이다. 아침에는 책으로부터, 저녁에는 사람으로부터 배워야 한다. 이를 실천하려면 한가하게 보낼 시간이 없을 것이다.

나도 청년 시절 정말 즐겁게 놀았으며 다양한 사람들과 친분을 나누었다. 그런 일에 나만큼 시간과 노력을 들인 사람이 드물 정도이다. 때때로 놀이와 사교에 지나치게 많은 시간과 노력을 들이는 것 같다는 생각도 했지만, 무슨 수를 써서라도 공부하는 시간은 확보하였다. 전날 아무리 늦게 자더라도 다음 날 아침에 반드시 일찍 기상했다. 이런 습관을 몸에 익혀 40년 이상 지키고 있다. 이제 너도 내가 놀이는 무조건 안 된다고 하는 고집스러운 아버지가 아님을 알 것이라고 믿는다. 나는 네가 나와 완전히 같은 생각을 가지기를 바라는 것은 아니다. 그런 측면에서 놀이에 대하여 아버지로서보다는 친구로서 조언한 것 같은 느낌이다.

한 가지 일에 온 힘을 다해라

당신이 하고 있는 일에 온 정신을 집중하라!

햇빛은 한 초점에 모일 때만 불꽃을 내는 법이다.

_알렉산더 그레이엄 벨

얼마 전 하트 씨가 네가 열심히 잘하고 있다는 편지를 보냈다. 나는 그 편지를 받고 정말로 기뻤다. 하지만 만약 네가 내 절반만큼도 기쁨이나 충족감을 느끼지 못한다면, 나는 매우 안타까울 것이다. 자부심과 충족감이 있어야만 비로소 스스로 학업에 몰입할 수 있다고 생각하기 때문이다.

하트 씨는 네가 열심히 공부한다고 말했다. 개념에 대한 이해력과 그에 따른 응용력이 생겼고, 공부하는 태도도 바르다고 했다. 이 단계까지 이루었으면 그다음에는 즐거움을 느낄 수 있다. 그리고 노력한 만큼 더 즐거워질 것이다.

일은 한 번에 하나씩만 해라

내가 평소 지겹게 하는 말이니 너도 알겠지만, 어떤 일이든 일단 시작하면 그 일에만 몰입하여야 한다. 지금 하고 있는 일 말고 다른 일을 생각하면 안 된다. 이는 공부할 때만 적용되는 것이 아니다. 놀이할 때에도 그 놀이에만 집중하여야 하며, 놀이도 공부처럼 열심히 해야 한다. 놀이도 공부도 열심히 못 하는 사람은 어떤 측면에서도 발전하지 못하고, 어느 것에서도 충족감을 느끼지 못한다. 매 순간 자신의 앞에 있는 일에 집중하지 못하는 사람, 다른 일을 머릿속에서 지워버리지 못하는 사람은 일도 잘하지 못하고 놀이도 능숙하게 하지 못한다.

회식이나 파티에 참석한 어떤 사람이 머릿속에서 유클리드(기하학) 문제를 풀고 있다고 생각해 보아라. 그 사람과 함께 있는 사람들은 하나도 즐겁지 않을 것이다. 또한 그는 사람들 사이에서 유난히 초라해 보일 것이다. 반대로 서재에서 어떤 문제를 풀려고 노력하는 도중에 미뉴에트 음악이 머릿속에 맴돌아 집중하지 못하는 사람이 있다고 하자. 그는 뛰어난 수학자가 되지는 못할 것이 분명하다.

한 번에 일을 한 가지씩만 하면, 하루는 24시간이기 때문에 여러 가지 일을 해낼 수 있다. 하지만 한 번에 여러 가지 일을 하려고 하면 일 년도 부족하다.

고(故) 드 위트 씨는 법률 고문으로서 국사를 도맡아 잘 해내면서도, 저녁 모임에 참석하고 여러 사람과 식사하기도 했다고 한다. 어느 날, 누군가 드 위트 씨에게 어떻게 그 많은 일을 제때 처리하면서도 저녁마다 놀이에도 참석하는지, 즉 어떤 방식으로 시간을 만들어내는지 물어보았다. 드 위트 씨는 이렇게 대답하였다.

"그렇게 어렵지는 않습니다. 한 번에 한 가지 일만 하고, 오늘 할 수 있는 일을 내일로 미루지 않을 뿐입니다."

한 가지 일에 확실히 몰두하며, 다른 일에 한눈팔지 않는 드 위트 씨의 능력은 매우 대단한 것이다. 하나에 확실히 몰입할 수 있다는 것이 드 위트 씨가 천재라는 증거이다. 반대로 말하면 침착함이 없고, 항상 들떠서 한 가지 일에 집중을 못 하는 것은 훌륭하지 못한 인간이라는 증거라고 생각한다.

딴 데 정신 팔지 말고,
현재에만 집중해라

하루 내내 바쁘게 뛰어다녔는데, 잠자리에 들기 전 돌아보니 아무 일도 못 했다는 사람들이 많다. 이들은 두세 시간 책을 읽었는데도, 글자를 보기만 했을 뿐 책 내용을 머리에 새기지 못한다. 따라서 시간이 지나면 어떤 내용을 읽었는지 전혀 기억하지 못하며, 책 내용에 대해 말할 수도 없다.

이런 사람들은 타인과 대화할 때도 적극적으로 대화에 참여하려고 노력하지 않는다. 대화 상대를 제대로 관찰하지도, 대화의 내용이 정확히 무엇인지 파악하려 하지도 않는다. 그들은 지금 있는 장소와 상관없는 일, 특히 쓸모없는 일을 생각하고 있을 것이다. 사실, 아무 생각도 하지 않는다는 것이 더 정확한 표현일지 모른다.

그리고 "다른 일을 생각하느라" 혹은 "잠깐 잊어버려서" 같은 핑계를 대며 뒤늦게 체면을 세우려고 한다. 이런 사람은 극장에서도 일행이나 조명 등 부차적 요소에 정신을 빼앗겨 가장 중요한 극의 내용에 집중하지 못한다.

너는 그러지 말도록 해라. 공부할 때와 마찬가지로 사람을 만나서 대화할 때도 정신을 집중하여야 한다. 학습할 때는 지금 읽는 책에 정신을 집중하여 그 내용을 잘 생각해라. 사람을 만날 때에는 그에게서 듣는 것, 보이는 것 모두에 세심하게 신경을 기울여라. 이러한 태도가 중요하다.

아둔한 사람들이 하듯이 눈앞에서 보고 들은 것에 전혀 신경을 쓰지 않고 있다가 "딴 생각을 하느라 몰랐습니다."와 같은 말을 해서는 안 된다. 어째서 다른 일에 대해 생각한 것일까? 그럴거면 이 자리에 왜 왔을까? 모임에 올 필요가 없지 않았을까? 결국 이 사람들은 다른 일에 대해 생각하고 있던 것이 아니라 아무 생각도 없었을 뿐이다.

이런 사람은 일에도 몰두하지 못하고 노는 것에도 몰두하지 못한다. 집중이 안 되어 일을 하기 어렵다면 그 시간에 노는 것이 나을 텐데 그러지도 않는다. 놀면서 노는 것에 집중하기 힘들다면 차라리 그 시간에 일을 하면 좋을 텐데 그러지도 않는다. 이런 사람은 해야 할 일이 있다는 것만으로 자신이 현재 일하고 있다고 착각하고, 노는 사람과 함께하는 것만으로 자신이 노는 중이라고 생각한다.

무엇을 하든 그 일에 최선을 다해야 한다. 하는 둥 마는 둥 하려면 안 하는 편이 낫다. 자기가 하는 일에 집중하는 것이 중요하다. 모든 일은 할 가치가 있는 일과 없는 일로 나눌 수 있으며, 중간은 없다. 일단 어떤 일을 하겠다고 결정하였다면, 어떤 일이든 그것에만 이목을 집중해야 한다. 눈앞에서 일어나는 일을 하나도 놓치지 않고, 어느 하나도 흘려듣지 않겠다는 각오로 마음을 다잡는 것이 중요하다.

예를 들어 호라티우스의 작품을 읽는다면, 작품에 기록된 내용이 옳은지 그른지 고민하면서 읽고, 시의 아름다움과 수려한 표현을 실컷 즐겨라. 호라티우스의 작품을 읽는 도중 다른 작품에 대해 생각하면 안 된다.

그리고 그 책을 읽는 동안 생 제르맹 부인의 일을 떠올리면 안 되며, 생 제르맹 부인과 대화할 때는 읽던 책에 대해 생각하면 안 된다.

돈을 지혜롭게 사용하는
방법을 배워야 한다

돈은 사랑과 같아 이것을 잘 베풀려 하지 않는

이들을 천천히 그리고 고통스럽게 죽인다.

반면에, 타인에게 이것을 베푸는 이들에게는 생명을 준다.

_칼릴 지브란

너도 이제 서서히 어른이 되어가고 있다. 마침 좋은 기회이니 앞으로 내가 너에게 돈을 어떤 방식으로 지원해줄 생각인지 말해주겠다. 이를 들으면 너도 계획 세우기가 쉬워질 것이다.

나는 공부와 사람들과의 교제에 필요한 돈을 지원해주는 것은 하나도 아깝지 않다고 생각한다. 공부에 필요한 돈은 뛰어난 선생

님에게 지도받고 책을 구매하는 데 필요한 비용을 말한다. 교제할 때 필요한 돈은 숙박비와 교통비, 의류비 등이 있다.

여기서 교제란 지적인 교제에 필요한 돈을 의미한다. 예를 들어 어려운 사람들을 돕기 위한 자선 비용, 너에게 도움을 주었거나 앞으로 도움을 줄 사람들에게 선물하는 데 필요한 비용, 교제하는 상대의 취미에 따라 필요한 비용(사격 등의 게임을 하는 데 필요한 비용, 놀이의 비용, 연극이나 전시회 관람 비용, 갑자기 필요한 비용) 등이 있다.

하지만 내가 쓰지 않는 비용이 있다. 시시한 싸움을 해결하기 위한 합의금이나 너무 게으르기 때문에 들어가는 돈이다. 지혜로운 사람은 자신에게 도움 되지 않는 일이나 명예에 먹칠하는 일에 절대로 돈을 쓰지 않는다. 그런 일에 돈을 쓰는 것은 어리석은 짓이다. 현명한 사람은 시간처럼 돈도 함부로 써버리지 않는다. 자신이나 다른 사람들에게 도움이 되는 일이나 지적인 기쁨을 느낄 수 있는 일에만 돈을 쓸 뿐이다.

반면에 아둔한 사람은 돈을 쓸 필요가 없을 때 돈을 쓰고, 써야 할 때는 돈을 아끼는 모습을 보인다. 예를 들어 지팡이, 시계, 담뱃갑 같은 쓸모없는 물건에는 돈을 아끼지 않으면서, 마음의 양식을 쌓도록 도와주는 책 구입과 같은 문화비에는 인색하다. 그런 구매를 반복하다 보면 가게 점원과 사장 모두 그런 구매 행태를 잘 알게 되어서, 아둔한 사람을 속여 잡동사니를 더 많이 팔아넘기려고 한다. 정신을 차려보면 주변에는 온갖 잡동사니밖에 없고, 편안하게 휴식할 수 있게 하는 물건, 정말로 필요한 물건은 없게 된다.

적은 돈도 가치 있게 써라

          돈이 아무리 많다 하더라도 금전 철학에 기반해 주의해서 사용하여야 한다. 그렇지 않으면 꼭 필요한 물건을 살 수 없게 된다. 반면, 돈이 매우 적어도 자신만의 금전 철학을 가지고 계획적으로 소비하면 삶에 꼭 필요한 물건 정도는 살 수 있다.

돈을 낼 때는 현금을 사용하는 것이 바람직하다. 그리고 다른 누군가가 대신 지불하게 하지 말고, 직접 돈을 내야 한다. 이는 다른 누군가를 통하는 경우 사례금이나 수수료를 지출해야 하기 때문이다. 피치 못할 사정으로 외상으로 물건을 샀다가 다음에 지불하는 경우에도 반드시 직접 돈을 내라.

필요하지도 않은 물건을 저렴하다는 이유만으로 사지 말도록 하여라. 그런 행동은 절대 절약이 아니며, 돈을 허비하는 것일 뿐이다. 반대로 필요하지 않은 물건인데도 가격이 비싸다는 이유만으로 허영심을 위해 구매하는 것도 바람직하지 못하다.

네가 사들인 물건과 지불한 금액은 꼭 금전 출납부에 기록하여야 한다. 금전 출납을 잘 파악하고 있다면 갑자기 돈을 다 써버려 궁해지는 일은 생기지 않을 것이다. 그렇더라도 오페라 푯값과 교통비 등 사소한 지출까지 일일이 써둘 필요는 없다. 그런 사소한 것은 재미없는 구두쇠에게나 일일이 따져보라고 해라. 그런 것은 제쳐두고 관심을 가질 만한 지출에만 신경 쓰는 것이 중요하다.

아껴 쓰되 가치 있는 것에는
확실하게 써라

대체로 지혜로운 사람은 어떤 사물을 실물 크기 그대로 파악할 수 있다. 하지만 아둔한 사람은 그렇지 않다. 그들에게는 모든 것이 현미경으로 보는 것처럼 지나치게 커 보인다. 그래서 벼룩같이 작은 것을 코끼리처럼 큰 것으로 착각한다. 작은 것이 크게 보이기만 하는 것이라면 그나마 괜찮다. 가장 나쁜 경우는 큰 것이 과도하게 확대되어 안 보이게 되는 것이다.

구두쇠처럼 얼마 안 되는 돈을 과도하게 아끼느라 사람들과 다투기까지 하는 경우가 이에 딱 맞는 사례라 할 수 있다. 그는 자신의 행동 때문에 구두쇠라는 평가를 듣는다는 것을 모른다. 이런 사람은 돈을 아껴, 비슷한 수입을 얻는 사람보다 더 높은 수준의 생활을 하는 데 몰두하어 자신의 손이 닿는 곳에 있는 소중한 것을 놓친다.

영혼이 착실하고 반듯한 사람은 어디까지 자신의 손이 닿고, 닿지 않는지 그 범위를 잘 구분한다. 그런데 손이 닿는 곳과 닿지 않는 곳의 경계선은 너무 가늘어서 판단력을 가지고 찾아내어야 한다.

나는 네가 그러한 판단력을 갖고 있다고 믿는다. 항상 경계선이 어디인지 잘 살피기 바란다.

PART 4

세상을 보는 견문을 넓혀라

왜
역사 공부가 중요할까?

역사를 기록하는 것은 과거에서 벗어나는 하나의 방법이다.

역사의 의무는 진실과 허위, 확실과 불확실, 의문과 부인을 분명히 구별하는 것이다.

_J.W. 괴테

　　　　　프랑스의 발자취에 대한 네 생각은 책의 핵심을 정확히 꿰뚫었다. 네가 책의 내용을 이해한 데 그치지 않고, 그 내용에 대하여 깊이 생각한다는 사실을 알게 되어 진심으로 뿌듯했다.

책을 읽을 때 자기 나름대로 고찰하지 않고, 내용을 머릿속에 억지로 넣기만 하는 사람들도 많다. 그러면 머릿속에 정보가 쌓이기만 할 뿐, 체계 없이 어지럽게 흩어져 있어 그 정보가 필요할 때 즉시 사용할 수 없다.

너의 경우 지금의 독서법을 계속 유지하는 것이 좋겠다. 저명한 저자의 책이라고 그 내용을 무비판적으로 수용하지 말고, 작가의 사고가 얼마나 논리적인지, 책 내용 중 잘못된 부분은 없는지 이성적으로 따져보아야 한다.

가능하다면 하나의 역사적 사실을 두고 쓴 여러 권의 책을 읽은 후, 얻은 정보를 취합하여 자기 의견을 확립하는 것이 바람직하다. 사실 역사적 사건의 진실을 정확히 알 수는 없기 때문에, 역사를 고찰하는 방법은 거기까지가 한계이다.

역사서를 곧이곧대로 믿지 마라

역사서에는 역사적 사건의 원인 혹은 동기가 적혀있는 경우가 많지만, 쓰인 내용을 곧이곧대로 믿지는 마라. 역사적 사건에 연루된 인물의 세계관이나 이해관계를 파악한 다음, 역사서 저자의 의견이 타당한지, 다른 가능성은 없는지 고민해야 한다.

역사적 사건의 동기에 대해 고민할 때는 사소한 동기도 무시하지 말아야 한다. 사람은 모순덩어리이고 매우 복잡한 존재이기 때문이다. 사람의 마음 상태는 건강 상태에 따라 달라지고, 의지는 나약하며, 감정은 널을 뛴다. 아무리 탁월한 사람이라도 결점이 있으며, 아둔한 사람이라도 장점이 있어 훌륭한 일을 하는 경우가 있다. 그런 것이 바로 인간의 특성이다.

역사적 사건의 원인을 알아내려고 할 때, 사람들은 애써서 고상한 동기를 찾으려 노력한다. 하지만 실제 역사적 사건은 사소한 동기 때문에 일어날 수도 있다. 예를 들어 루터의 종교개혁은 루터의 금전욕 때문에 실패했을 수도 있다. 그런데도 역사가들은 역사적으로 중요한 사건은 물론 일상적인 사건까지 심각한 정치적 동기 때문에 일어났다고 주장하곤 한다. 이는 너무나도 아쉬운 일이다.

23인의 음모로 인하여 시저가 살해된 것은 의심의 여지 없는 사실이다. 그러나 그 23인이 음모를 세운 동기가 정말 로마와 자유에 대한 사랑일까? 그것이 정말 가장 중요한 동기일까? 만약 지금 역사적 인물들을 불러와 진상을 밝힐 수 있다면, 주모자인 브루투스조차 실망, 원한, 시기심, 자존심 등 사적인 동기 때문에 그 일을 했다고 고백할 수도 있다. 정말로 사적인 동기가 시저 살해 사건의 주요 원인이었던 것은 아닐까?

역사는 올바른 분석력과
판단력을 키워준다

비판적인 눈으로 바라보면 역사적 사실 그 자체도 날조된 것은 아닌지 의심스러운 경우가 있다. 그 사건과 결부된 역사적 배경 모두에 대한 의심이 들기도 한다. 자신이 매일 경험하는 것을 떠올려보면 역사가 얼마나 신빙성이 떨어지는지 쉽게 깨달을 수 있다. 최근 일어난 어떤 일에 대하여 여러 사람이 증언할 때, 그들의 말이 완전히 일치하는 경우는 거의 없다. 증언의 뉘앙스가 자꾸 변하는가 하면, 세부사항에 대해 착각하기도 한다. 자기 신념대로 처음부터 끝까지 올바른 증언을 하는 사람도 있지만, 중간에 마음이 변해 사실을 왜곡하는 사람도 있다. 더욱이 서기들도 항상 공정하게만 기록한다고 할 수 없다.

이러한 맥락에서 역사가가 항상 역사적 사건에 대해 공정하게 기록하는지 의심을 품게 되는 것이다. 어떤 역사학자는 처음부터 끝까지 일관된 주장을 하고 싶어 할지도 모른다. 혹은 그 장을 빨리 끝내고 싶다고 생각하며 책을 쓸지도 모른다. 흥미로운 것은 프랑스 역사책 각 장 서두에 '이것은 진실이다.'라는 말이 반드시 있다는 점이다. 따라서 저명한 역사학자의 책이라고 무조건 믿지 말고, 스스로 역사적 사건에 대해 판단하고 분석하여야 한다.

그렇다고 내 말이 역사를 공부할 필요가 없다는 뜻은 아니다. 모두가 인정하는 역사석 사실은 분명히 존재한다. 또한 책에 자주 등장하고 사람들도 자주 말하는 역사적 사건은 알고 있는 것이 모르는 것보다 낫다. 예를 들어 시저의 망령이 브루투스 앞에 나타났다는 내용을 책에 쓰는 역사가들이 많다. 개인적으로 그런 말을 전혀 신뢰하지 않지만, 그런 말이 사람들의 입에 오르내렸다는 사실을 모르는 것은 부끄러운 일이다.

이 밖에 역사가가 기술했다는 사실만으로 아무도 믿지 않는 일이 화제가 되고, 책에 쓰이는 경우도 많다. 그런 과정을 통해 이교도 신학이 정착하였다. 아폴로, 아테나, 제우스 같은 고대 그리스 신들의 이야기도 그렇게 책에 쓰인 것이다. 만일 그들이 실제로 있었더라도 신이 아니라 평범한 인간이었을 것이다.

아무리 역사에 대해 비판적인 관점을 가지고 있더라도, 상식적인 내용은 제대로 학습해야 한다. 사실 역사는 인간이 사회에서 살아남는 데 가장 필요한 학문이다.

과거의 눈으로 현재를 보지 마라

과거에 그랬으니 현재도 그렇다고 말하면 안

된다. 과거의 사례를 통하여 현재 일어난 문제를 검토해 보는 것은 좋지만, 신중하여야 한다. 과거에 일어난 사건의 실체는 추측할 수 있을 뿐 증명할 수 없다. 과거의 증언을 기록한 것은 현재의 증언보다 모호할 수밖에 없다. 더욱이 오래전에 쓰인 기록일수록 신빙성이 떨어진다. 뛰어난 학자 중 유사하다는 이유만으로 과거의 사례를 무조건 인용하는 사람들이 있다. 이는 아둔한 행동이다. 인류가 생긴 이후 이 세상에서 완전히 똑같은 사건이 일어난 적은 없다. 더욱이 사건의 전모를 일일이 기록한 역사가는 없으므로, 일부분만 기록한 글을 근거로 하여 현재 일어난 일에 대해 논쟁하는 것은 쓸모없는 일이다. 따라서 저명한 시인이 쓴 구절이라는 이유로, 과거의 학자가 기록한 내용이라는 이유로 비판 없이 인용해선 안 된다. 모든 사물이 서로 다른 것처럼, 역사적 사건도 그러하므로, 각 사건의 실체를 파악해 개별적으로 논의해야만 한다. 비슷한 사례는 참고만 해야지 판단의 근거로 삼지는 말아야 한다.

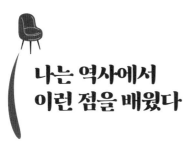

나는 역사에서
이런 점을 배웠다

오래전의 역사는 세월의 경과로 어두워졌으므로,

진실을 알아내기란 여간 어려운 일이 아니다.

그리고 그 시대의 명사들에 대한 아첨으로 흔히 사실이 흐려져 있다.

_플루타르크

　　　　　역사에 관해 공부하는 것은 정말 중요한 일이다. 일반 사람들이 배운 역사는 신뢰할 수 있는 역사학자의 저서나 논문을 통해 얻은 지식이기는 하지만, 그것이 옳든 그르든 지식으로 알아 두는 것 자체가 의미 있다. 나는 네가 역사 공부를 하는 방식도 알고 싶다. 시간과 노력을 아끼기 위해 역사적으로 중요한 사건만 깊이 공부하고 나머지 사건은 훑어보며 융통성 있게 공부하는 방식도 있고, 역사적 사건의 크고 작음을 구별하지 않고 같은 정도로 공부하는 방식도 있다.

하지만 나는 다른 방식을 추천하고 싶다. 일단 각 국가의 역사에 대해 간단히 쓴 책을 읽어 대충의 개요에 대해 익힌다. 이와 더불어 특히 중요한 점, 예를 들어 정치 체제가 어땠는지, 왕이 어떤 식으로 바뀌었는지, 누가 어떤 지역을 정복했는지 등 중요해 보이는 사항들을 선택하여라. 그 후 선택한 사항들에 대해 세세하게 쓴 책이나 논문을 통해 치밀하게 공부해라. 그 과정에서 깊은 사고를 하는 것이 중요하며, 선택한 사항의 원인을 찾아보는 일도 의미 있다.

책과 사람에게 역사를 배워라

프랑스 역사서 중에는 르장드르가 집필한, 길이는 짧지만 좋은 책이 있다. 그 책의 내용을 정확히 파악하면 프랑스 역사에 대해 대략 이해할 수 있다. 그 후에 역사적으로 중요한 핵심을 알고 싶다면 메레제이의 저서를 추천한다. 이외에도 역사적 사건을 정치적 관점에서 기록한 논문, 각 사건이나 시대에 대하여 세세하게 쓴 역사서 등 학습에 참고할 수 있는 자료는 많다.

근대사에 대한 역사서로는 필립 드 코미느 회고록을 비롯해 루이 14세 시대에 쓰인 책이 많이 있다. 그 책 중 선택해서 읽는다면 특정 사건과 시대에 대해 입체적으로 이해할 수 있을 것이다. 프랑스에서 다양한 계층의 사람들과 대화할 때, 역사와 같이 진지한 주제로 대화할 능력이 있다면 한번 시도하는 것도 좋다. 아무리 역사에 관심이 없는 사람이라도 외국인이 물어보는데 자기 조국의 역사를 모른다고 하지는 않을 것이다. 역사서를 한 권만 읽은 사람이라도, 역사서를 읽었다는 사실을 자랑스러워하며 읽은 내용에 대해 말해줄 것이다. 그런 관점에서 보면 프랑스 여성들은 역사책을 많이 읽기 때문에 그들과 이야기를 나누는 게 역사 공부에 도움이 될 것이다. 그런 방식으로 현지인들과 대화하다 보면 책에서도 얻을 수 없는 지식을 많이 습득할 수 있을 것이다.

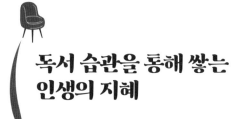

독서 습관을 통해 쌓는 인생의 지혜

책은 가장 조용하며 변함없는 벗이다.

책은 가장 쉽게 다가갈 수 있으며 가장 현명한 상담자이자, 가장 인내심

있는 교사이다.

_찰스 W. 엘리엇

　　　　　세상은 한 권의 책이다. 나는 지금 너에게 인 생이라는 책을 권하고 싶다. 삶을 통해 사회라는 책에서 체득한 지 식은 지금까지 출간된 책에 나온 지식을 모두 합한 것보다 너에게 훨씬 더 도움이 될 것이다. 따라서 뛰어난 사람들이 모인 자리에 참석할 기회가 있다면, 아무리 좋은 책을 읽고 있더라도 덮어두고 그 모임에 참석하는 것이 낫다. 책을 읽는 것보다 뛰어난 사람들을

만나는 것이 더 큰 공부가 된다.

여러 가지 일을 하고 오락을 즐기느라 정신없이 바쁘게 사는 사람도 24시간 중 잠깐이라도 쉬는 시간이 있을 것이다. 그 시간에 독서를 하는 것이야말로 더없이 편안하고 행복한 일이다. 얼마 안 되는 시간을 살려 책을 제대로 읽으려면 어떤 방식으로 읽어야 하는지 알려주겠다.

일단 따분하고 내용이 얕은 책을 읽으며 시간을 낭비하지 말아야 한다. 그런 책은 글감이 부족한 태만한 작가가 무식한 독자들을 대상으로 쓰는 경우가 많다. 이런 책은 인생에 보탬이 되지 않으니 읽지 않는 것이 낫다.

하루에 30분씩 독서에 투자해라

책을 읽을 때는 맑은 정신으로 읽어야 한다. 또한 책 읽는 목적을 확실히 정하고, 목적을 달성할 때까지 다른 책에 눈을 돌리지 말아야 한다. 현대사를 익힐 때는 특히 흥미롭고 중요한 내용 몇 개를 골라 시대순으로 익히는 것도 좋다.

일례로 베스트팔렌 조약에 관해 공부하겠다는 목적을 정했다고 하자. 그렇다면 그에 관한 책 이외에 다른 책은 읽지 말고, 신뢰할 만한 문헌, 회고록, 문서, 역사서를 읽으며 비교 분석하는 것이 좋다.

그렇다고 이런 방법에만 하루에 몇 시간씩 투자하라는 뜻은 아니다. 다른 방식으로 자유시간을 뜻깊게 쓸 수 있다면 그것도 좋다. 하지만 독서를 할 때는 한번에 여러 주제에 대해 읽기보다, 한 가지 주제에 대해 체계적으로 접근하는 편이 훨씬 좋다.

독서를 하다 보면 여러 책의 내용이 서로 모순되거나 상반되는 경우도 생긴다. 그런 경우에는 다른 책을 참조하는 것을 추천한다. 나는 그것이 옆길로 새는 것이라고 생각하지 않는다. 이를 통해 책의 내용이 기억에 더 오래 남을 수도 있다. 어떤 것에 대해 알아보려고 독서를 해도 책의 내용이 전혀 기억에 남지 않는 경우가 있다. 그럴 때는 관련 있는 다른 책을 읽거나 사람들의 이야기를 들으면, 한 권의 책만 읽었을 땐 파악하지 못했던 사항이 머릿속에서 정리되기도 한다. 의외로 우여곡절 끝에 얻어낸 지식이 완벽한 경우가 많으며, 그런 지식은 쉽게 잊히지 않는다. 그러한 맥락에서 볼 때 어떤 사건이 일어난 현장에 방문해 관련된 이야기를 듣는 일도 바람직하다.

사회에 나간 후에는 아래의 세 가지 독서법을 유념해라.

첫째, 사회 초년생인 지금은 다양한 계층의 사람들을 만나 정보를 얻는 것이 책을 많이 읽는 것보다 중요하다.

둘째, 너에게 도움이 되지 않는 책은 이제 읽지 마라.

셋째, 주제를 한 가시 선택하여 그 주제와 관련 있는 책을 집중적으로 읽어라.

이 독서법을 지킨다면 하루에 30분만 책을 읽어도 충분할 것이다.

진정한 지식은
체험을 통해 얻을 수 있다

실험을 통해 경험을 얻을 수 없다.

만들 수도 없다. 반드시 겪어야 얻는다.

_알베르 카뮈

　　　　　이 편지를 받을 때쯤 너는 베니스에서 로마로
향할 준비를 하고 있을 것이다. 저번에 쓴 편지에서 하트 씨에게도
부탁했지만, 로마에 갈 때 아드리아해를 따라서 리미니, 로레토,
앙코나를 거쳐 가는 것을 추천한다. 어느 마을이든 두루두루 살펴
보길 권한다. 한곳에 오래 머무를 필요까지는 없고, 직접 방문해
보기만 해도 충분하다. 그곳에는 고대 로마 유물이나 유명한 그림,

조각, 건축물 등 놓치면 안 되는 작품이 가득하니 세심히 살펴보고 오도록 하여라. 겉으로 보기만 해도 충분하니 시간이 오래 걸리지는 않을 것이다. 그렇지만 자세히 살펴보아야 할 것들은 좀 더 많은 시간을 들여 주의 깊게 보아라.

요즘 청년들은 주의가 산만하고 경솔해서 '보아도 보이지 않고 들어도 들리지 않는다.'라고 말하는 경우가 많다고 한다. 쇠귀에 경 읽기 식으로 듣고 수박 겉핥기 식으로 본다면, 차라리 아무것도 보지 않고 듣지 않는 것이 낫다.

다행히 네가 보낸 여행기를 읽어보니, 너는 여행지 이곳저곳을 세세히 살펴보고 그 여행지에 대해 갖가지 의문을 가지는 것 같구나. 그것이 바로 여행의 진정한 목적이다. 여행하는 도중 호화로운 저택이나 교회에 있는 커다란 시계, 철탑에만 관심을 두고, 다음 목적지까지 거리는 어느 정도인지, 어느 숙소에서 잘 것인지 같은 일에만 신경 쓰는 사람은 여행을 통하여 그 무엇도 얻지 못하고 시간만 낭비한다. 그런 사람은 차라리 집에서 쉬는 것이 낫다.

반면에 어디를 가든 그 지역 정세나 다른 지역과의 역학 관계, 교역, 특산물, 정치 체제, 헌법, 약점 등을 자세히 살피는 사람도 있다. 그리고 방문한 지역의 탁월한 인물들과 교제하고, 그 지역 특유의 정서나 예절을 배워 오는 사람도 있다. 이런 사람들은 여행을 통해 여러 가지를 얻고 더 지혜로운 사람이 된다.

여행할 때는 호기심을 가져라

로마는 인간의 감정이 다양한 방식으로 생동감 있게 표현되어 탁월한 예술작품 속에 결집된 도시이다. 로마 같은 도시는 쉽게 찾아보기 힘들다. 따라서 로마에서 판테온, 바티칸 궁전, 교황청만 구경하는 것으로 만족해선 안 된다.

1분의 관광을 위하여 열흘간 다양한 정보를 수집했으면 좋겠다. 로마 제국의 본질, 교황 권력의 흥망성쇠, 교황 선거 회의의 실체, 추기경의 책략, 궁정의 정책까지 절대적인 힘을 떨쳤던 로마 제국의 내면에 대한 것이라면 무엇이든 좋다. 어떤 것이든 자세히 파고들어 공부해라. 어느 곳에 방문하든지 지역의 역사와 현재 상황에 대해 짧게 설명하는 책자가 있으니, 먼저 그것을 읽어라. 물론 내용이 충분하지는 않겠지만, 기본적인 지침서로 유용할 것이다. 그 책자를 읽고 더 자세한 내용이 알고 싶어지면 그 지역에 사는 사람들에게 물어보아라. 잘 모르는 점이 있으면 그것에 대해 잘 아는 사람에게 물어보는 것이 가장 좋은 방법이다.

영국에도 영국의 현재 상황에 대해 자세히 설명하는 책이 많고, 프랑스에도 그런 책이 많지만 어떤 책도 완벽한 정보를 줄 수는 없다. 그것은 고국에 대해 제대로 알지도 못하는 사람들이, 고국에 대해서 제대로 알지 못하는 또 다른 사람이 쓴 책을 베껴 쓴 경우도 있기 때문이다. 그렇다고 해서 읽을 가치도 없다는 뜻은 아니다. 독서를 통해 잘 모르던 곳에 대해 배울 수 있다는 것만으로도 읽을 가치가 있다. 그런 책에서 얻은 지식은 그 책을 읽지 않았다면 잘 몰랐을 지식이다.

잘 모르는 부분이 어디인지 확실해지면 단 한 시간이라도 지역 사정을 잘 아는 의회 의장이나 의원에게 질문하는 것이 좋다. 그들에게 질문하면 프랑스에 있는 책을 모두 읽어도 알 수 없는 프랑스 의회 내부 사정을 조금이라도 알 수 있다. 군대에 대한 지식이 필요한 경우에는 장교에게 물어라. 사람들은 대부분 자기 직업에 애착이 있으므로 그것에 관해 이야기하는 것을 좋아한다. 더욱이 자신의 직업과 관련된 질문을 받는 경우 신이 나서 계속 말하는 경우도 있다. 따라서 모임에서 군인을 만나면 숙영지, 검열, 역할, 급료, 숙영 방법, 훈련법, 의복 배급 방법 등 군대에 대해 궁금한 것을 물어보아라. 이런 방식으로 해군에 대한 정보를 얻는 것도 좋다. 영국은 항상 프랑스 해군과 깊은 동맹 관계였고, 앞으로도 동맹을 유지할 것이다. 몸소 익힌 그 정보는 영국으로 돌아왔을 때 너를 돋보이게 할 뿐 아니라 실제로 외국과 교섭할 때 도움을 줄 것이다. 해외에서 얻은 정보는 상상 이상으로 유용하다. 실제로 해외 군사 분야에 정통한 사람은 별로 없는데, 개척되지 않은 분야이기 때문이다.

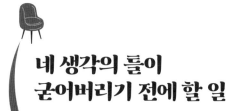

네 생각의 틀이
굳어버리기 전에 할 일

여행은 그대에게 적어도 세 가지의 유익함을 가져다줄 것이다.

첫째는 타향에 대한 지식이고,

둘째는 고향에 대한 애착이며, 셋째는 그대 자신에 대한 발견이다.

_브하그완

하트 씨는 항상 편지에서 너를 칭찬하는데, 이번 편지에서 너를 가장 많이 칭찬하였다. 로마에서 너는 항상 이탈리아 사람들이 구축한 사회 내에서 교류하려고 노력하였고, 영국 부인의 제안으로 만들어진 영국인 모임에는 들어가지 않으려 했다고 들었다. 이는 올바른 판단이고, 네가 바르게 판단하고 행동하는 것이 정말 기쁘구나.

여러 국가에 지인이 있는 것이 한 국가에만 지인이 있는 것보다 네게 훨씬 좋을 것이다. 앞으로도 어떤 나라에 방문하든 그 나라 사람들과 교제하려고 노력하여라. 파리에선 영국인이 30명이 아니라 300명 이상 무리 지어 사는데, 프랑스 사람들과 대화를 하지도 않고 배타적으로 생활한다고 한다.

파리에 사는 영국 귀족들의 행동 양상은 대개 유사하다. 아침에는 늦잠을 잔다. 일어나면 곧바로 아침 식사를 하는데, 같은 귀족끼리만 함께 한다. 오전에는 이걸로만 거의 2시간을 써버린다. 식사가 끝나면 마차가 넘칠 정도로 많은 사람이 탑승하여 노트르담 사원이나 궁정을 관광하러 간다. 관광 후에는 커피하우스에 가서 저녁 식사를 겸한 즉석 파티를 한다.

그들은 저녁 식사 후에는 줄지어 극장에 간다. 극장에서 옷감은 최고급이지만 어설프게 제작된 양복을 입고 무대 앞에 진을 치고 있다가 연극이 끝나면 모두 함께 선술집에 간다. 그리고 이번에는 술을 과하게 마신 후 자기네끼리 다투거나 거리에서 다른 사람과 싸우다 결국 경찰에게 붙잡히고 만다. 이런 생활을 반복하는 사람들이니 당연히 파리에 살아도 생활 속에서 프랑스어를 배우지 못한다. 여행 후 귀국하여도 성미만 더 급해지고, 지식도 전혀 늘지 않는다. 그런데도 외국에 다녀왔다는 것을 뽐내고 싶은 마음만 강해서, 프랑스어를 아무렇게나 사용하며 프랑스 식으로 성장(盛粧)

하지만 엉망진창이고 꼴불견일 뿐이다. 이런 식이면 시간을 내어 해외여행을 한 것이 아무 의미가 없어진다. 너는 이런 사람들처럼 되지 않도록 그곳에 머무는 동안 프랑스 사람들과 친분을 다지도록 노력하여라. 프랑스 노신사는 너에게 좋은 본보기가 될 것이며, 프랑스 청년들과 교제해 보는 것도 너에게 도움이 될 것이다.

지역과 환경에 따라
예의범절이 다르다

하지만 기껏 일주일이나 열흘 정도 철새처럼 잠시 머물러서는 즐길 수도 없고 상대방과 친밀해질 수도 없을 것이다. 너를 받아들이는 사람도 그렇게 짧은 기간으로는 아는 사이가 되는 것을 망설일 것이다. 하지만 더 오래 머무른다면 이야기가 달라진다. 현지인들과 친밀해질 기회도 많고 시간도 충분하다. 당연히 외지인이라는 느낌이 점차 사라질 것이다. 이런 것이 여행의 진정한 즐거움이다. 어떤 곳을 방문하든지 그 지역 사람들과 친밀하게 우정을 나누고 그들의 사회에 들어가 그 사람의 진정한 모습은 어떤지 알아보아야 한다. 현지인과 교제하는 것이 어떤 지역의 관습과 예절에 대해 배우고, 그 지역만의 특징에 대해 아는 유일한 방법이다. 짧은 기간 형식적으로 방문해서는 이런 것을 얻을 수 없다. 인간이 가지고 있는 본성은 어느 나라 사람이든 같지만, 어떻게 표현하는지는 다 다르다. 이런 표현방식은 지역이나 환경에 따라 다르며, 우리는 교제를 통해 이를 알아나가야 한다.

예를 들어 누구나 가지고 있는 감정 중 야심이 있는데, 이를 충족하는 수단은 교육 방식이나 풍습에 따라 다르다. 예의를 지켜야 한다는 마음도 인간이라면 누구나 가지고 있는 감정이다. 하지만 지역이나 시대, 사람에 따라 그 마음을 표현하는 방식은 다를 수밖에 없다. 이러한 예의범절은 우연히 생겨나 현재까지 이어진 것이므로, 아무리 지혜롭고 분별력이 있는 사람도 그 지역의 예의범절을 배우지 않고는 표현할 수 없는 것이다. 그렇게 할 수 있는 것은 그 지역에 가서 눈으로 보고 몸으로 체험하여 실제 사회에 통달하고 있는 사람뿐이다. 예의범절이 분별력이나 이성으로는 설명할 수 없는, 우연히 생겨난 것임을 부인할 수는 없다. 하지만 어떤 예의범절이 존재하는 이상 그 관습에 따르는 것이 좋다.

예를 들어 건강을 위해 건배하는 우스꽝스러운 행위는 어느 곳에서나 볼 수 있는 관습이다. 상식적으로 생각하면 내가 한 잔 가득 채워진 술을 마시는 것과 다른 사람의 건강이 도대체 무슨 상관이란 말인가. 그렇지만 바로 그 상식에 따라 나도 아무 말 없이 그 관습에 따르는 것이 좋다고 권하는 것이다.

이성은 타인에게 예의 있게 행동하고, 좋은 생각을 가지라고 명령한다. 하지만 시간과 장소, 사람에 따라 어떤 방식으로 예의 있게 행동해야 하는지는 직접 보고 몸으로 익히기 전까지는 알 수 없다. 이것은 앞서 말한 바와 같다. 예의 있게 행동하는 법을 체화한 후 돌아오는 것이 바람직한 여행 방법일 것이다.

지역의 풍습을 배워
따르려고 노력해야 한다

분별 있는 사람은 어느 곳에 가든지 지역 풍습을 배우고 따르려고 애쓴다. 전 세계 어디에서든 도덕적으로 도저히 허용할 수 없는 풍습이 아니라면, 그 지역의 풍습을 따르는 것이 좋다. 그때 가장 도움이 되는 자질은 적응력이다. 적응력은 짧은 순간 자신이 있는 장소에서 어떤 태도가 적합한지 정하는 능력이다. 쾌활한 사람 앞에서 밝은 모습을 보일 수 있고, 진지한 사람 앞에서 진지한 표정을 지을 수 있는 능력이다. 이런 능력을 익히도록 열심히 노력해라.

여러 지역에서 뛰어난 사람과 교제하면, 넌 그 지역 사람으로 변신할 수 있을 것이다. 겸손한 태도로 여러 지역의 좋은 풍습을 수용하여 로마에서는 이탈리아인이, 파리에서는 프랑스인이, 그리고 런던에서는 영국인이 되어라.

그런데 너는 유창하게 이탈리아어를 하지 못하는 것이 골칫거리라고 생각하는 것 같다. 그러나 프랑스의 귀족들을 보면 말할 때 자기 자신은 깨닫지 못하지만 훌륭한 산문을 읊는 경우가 많다. 그와 마찬가지로 너도 그들처럼 스스로 인식하지 못하겠지만 이탈리아어를 훌륭히 이해하고 있다. 너 정도로 프랑스어와 라틴어에 통달한 경우, 이미 이탈리아를 반은 아는 것이나 다름없다. 이탈리아어 공부를 할 때 사전을 찾을 필요가 거의 없기 때문이다.

단, 관용구나 미묘한 표현, 숙어 등은 실제로 말해서 익히는 것이 가장 좋다. 상대방의 말을 주의 깊게 경청하다 보면 그런 것들은 금세 익힐 수 있다. 따라서 틀린 표현을 사용할까 봐 주저하지 말고, 질문을 하거나 질문에 답할 수 있을 정도의 단어를 익혀 자꾸 상대방에게 말을 걸어보아라. 프랑스어로 "안녕하세요."라고 하는 대신 방금 익힌 이탈리아어로 "안녕하세요."라고 인사해 보아라. 그러면 상대방은 이탈리아어로 대답해줄 것이고, 그 답을 들은 후 익히면 된다. 이런 과정을 반복하다 보면 너 자신도 모르는 사이에 이탈리아어 실력이 늘었다는 것을 깨닫게 될 것이다.

PART 5

자신만의
확고한 주관을 가져라

예리한 판단력으로
사물을 바라보아야 한다

사람을 그의 외모나 습관, 생김새로 판단할 것이 아니라

그의 삶과 대화의 특성과 그의 행함으로 판단할 것이다.

다른 사람의 말로 칭찬을 받는 것이 더 좋으니라.

_로저 르스트랜지 경

너는 이제 침착하게 사물을 살펴보고 그 결과를 고찰할 수 있는 나이라고 여겨진다. 젊은 나이에 그러기 쉽지 않지만, 사물에 대해 깊이 생각하는 습관이 너의 몸에 배었으면 좋겠다. 말하기 민망하지만 나는 16~17세까지 그런 태도를 익히지 못했다. 더 나이를 먹으며 생각이 깊어졌지만, 진지하게 생각한 내용을 제대로 활용하지는 못했다.

책 내용을 제대로 이해하지도 못하면서 단순히 수용하기만 하였고, 타인의 주장이 타당한지 여부를 스스로 판단해보지도 않고, 그 주장을 받아들이기도 했다. 그 이유는 놀기도 바빠 깊게 통찰하는 것을 귀찮게 여겼기 때문이다. 그때는 그릇된 주장이라도 수용하고 넘어가는 것이 애써서 진실을 파악하는 것보다 편하다는 안이한 생각을 했다.

그러다가 정신을 다잡고 보니, 내가 선입견만 키우고 있으며 분별 있는 판단을 하지 못하고 있다는 사실을 깨달았다. 자신도 알지 못하는 사이 편견만 늘고 바른 생각을 하는 방법을 잊어버린 것이다.

그러나 스스로 생각하겠다고 마음먹고 이를 실천하니 사물을 보는 눈이 달라지기 시작했다. 주어진 사고방식으로 사물을 보거나, 실체가 없는 곳에 힘이 있다고 착각하고 있었던 그 전과 비교할 때 사물이 얼마나 질서 정연하게 보였는지 모른다.

물론 나는 아직도 타인이 주입한 생각의 틀을 깨지 못하고, 그 영향을 받고 있을지도 모른다. 긴 인생을 살아가는 동안에, 부지불식간에 타인의 영향으로 학습된 사고방식이 그대로 내면화되어 내 사고방식으로 굳어진 경우도 있다. 젊을 때는 학습을 통해 타인의 영향을 받아 굳어진 생각과 자신의 힘으로 키운 생각을 기계적으로 구별하기 힘든 것이 사실이다.

편견과 독단에 빠지지 마라

내가 처음 가진 편견은 고전에 대한 절대주의인데, 고전 수업을 듣거나 여러 고전 작품을 읽으면서 자연스레 생긴 편견이다. 나는 그것을 맹목적으로 과하게 믿었다.

나는 이 세상에 양심이나 양식이 전혀 없다고 믿고 있었다. 고대 그리스, 로마 제국이 망하면서 양식 있는 것은 모두 사라졌다고 생각했다. 베르길리우스(Vergilius; 70~19 B.C. 로마의 시인)와 호메로스(Homerros; 그리스 시인)는 고전이기 때문에 옳다고 생각했다. 반면, 타소(Tasso; 1544~1595, 16세기 르네상스 대표 시인)와 밀턴(Milton; 1680~1674, 영국의 시인)은 현대인이므로 그들의 작품은 볼 만한 것이 없다고 여겼다.

하지만 지금은 현대인이든 300년 전 사람이든 다를 점이 없다는 것을 잘 알고 있다. 시대에 따라 관습이나 살아가는 방식만 달라질 뿐, 인간의 본성은 과거나 현재나 다르지 않다는 사실을 충분히 인식하고 있다.

보통 유식한 척하는 교양인은 고전을 신봉하고, 그렇지 않은 경우 흔히 고전보다 현대의 것에 더 열광한다고 여기기도 한다. 하지만 인간의 내면을 섬세하게 파헤쳐 본 결과 고대인이든 현대인이든 장단점이 있고, 둘 다 옳은 일도 하고 그른 일도 한다는 것을 뒤늦게나마 깨달았다.

인간의 생각이나 가치관은 쉽게 바뀌지 않으며, 사람의 의견은 서로 다를 수 있다. 그렇다고 해서 수용하거나 인정할 수 없다는 의미는 결코 아니다. 비록 서로의 의견이 달라도 진중한 태도로 의견 교환을 하다 보면 서로의 감추어진 장점을 찾아낼 수도 있다. 젊은 시절에는 의견 교환을 통해 나도 발전하고 상대도 발전할 수 있다는 사실을 인식하지 못하였다.

앞에서도 말했지만, 사교계에서 남의 눈에 돋보이기 위해 자신이 잘 노는 한량인 것처럼 뽐내려고 했던 것은 어리석은 생각이다. 나는 잘 노는 한량이 사교계에서 주목을 받는다는 이야기를 듣고, 별생각 없이 이를 목표로 삼았다. 아니 어쩌면 그보다 그걸 부인하면 한량을 목표로 삼는 사람들이 비웃을까 봐 두려웠는지도 모른다. 하지만 이제 그런 비웃음이 전혀 두렵지 않다. 아무리 박식한 사람이라도 놀기 좋아하는 한량이라는 평가는 하나의 오점에 불과하다. 어떤 사람이 놀기 좋아하는 한량이라는 평판이 퍼지면, 그가 존경하고 인정받기를 원하는 사람들이 그를 낮게 평가할 가능성이 높다. 또한 한량이라는 평판 때문에 실제로는 그렇지 않은데도 어떤 단점을 가졌다는 평가를 받기도 한다. 선입견은 이처럼 영향력이 크다.

첫인상이 전부가 아니다

네가 특히 주의해 주었으면 하는 것은, 사고방식이 바르고 통찰력도 뛰어난 사람들이 진리를 깨우치려는 노력을 나태하게 하는 경우도 있다는 점이다. 일례로 사람들은 오랜 세월 '전제정치 아래서는 진정한 과학도 예술도 성장할 수 없다'라는 말을 믿어왔다. 정말로 자유가 없는 곳에서는 재능도 꽃피우지 못할까? 이 말은 대충 보면 맞는 말 같지만 구체적으로 따져보면 틀린 말이다.

농업과 같은 기술이라면 정치체제 때문에 이익이나 소유지를 보장받지 못하는 경우, 진보하기 힘들다는 말은 일리가 있다. 하지만 웅변가, 수학자, 천문학자 등 생각을 업으로 삼는 사람들의 재능이 전제정치 때문에 억압받는다는 주장은 맞지 않는다. 우선 그런 사례를 들어본 적 없다.

물론 변사나 시인은 주제와 표현방식을 선택할 자유를 빼앗길지도 모르지만, 열정을 쏟을 대상까지 박탈당하는 것은 아니다.

즉, 정치체제 때문에 재능까지 빼앗길 걱정은 없다는 뜻인데, 프랑스 작가들이 이를 잘 증명한다. 예를 들어 라 퐁텐(La Fontaine; 1621~1695. 프랑스의 시인이자 동화 작가), 라신(Racine; 1639~1699. 프랑스의 극작가), 브왈로(Boileau; 1636~1711. 프랑스의 시인), 코르

네유(Corneille; 1606~1684. 프랑스의 비극 작가) 등의 작가는 억압적인 루이 14세 시대에도 재능을 발휘했다. 루이 14세 시대는 아우구스투스(Augustus; 63~14 B.C. 로마 제국 초대 황제) 시대만큼 정치적 억압이 심했는데도 말이다.

아우구스투스 시대에도 작가들은 능력 없고 무자비한 황제가 로마 시민의 자유를 억압하는 상황에서 재능을 꽃피웠다. 그리고 편지라는 것을 재평가하게 된 것도 자유로운 풍조에 의한 것이 아니었다. 가혹한 독재 정치를 한 프란시스 1세와, 절대 권력을 가진 교황 레오 10세 시대에 편지를 장려하고 보호했던 것이다.

억압적인 정치는 인간의 기본권을 침해하는 최악의 범죄이며, 전제정치를 옹호하고자 이 사례를 언급한 것은 아니다. 단지 네가 사물을 똑바로 인식하는 습관을 들였으면 해서 예를 들었을 뿐이다.

자신의 생각을 명확하게 정립해라

심사숙고하여 사물을 올바르게 바라보는 습관을 들였으면 좋겠다. 우선 지금 너의 사고방식을 하나하나 따져 보고, 그 생각이 진짜 너의 생각인지, 타인이 알려준 것을 그대로 수용한 건 아닌지 고민해 보아라. 그리고 네 생각 중 오해나 편견은 없는지 생각해 보아야 한다.

　편견이 아니라면 다양한 사람들의 의견을 경청하고 종합하여 어떤 것이 옳고 그른지 판단하는 것을 습관화하도록 하여라. 물론 인간의 판단력이 항상 옳다고 할 수는 없지만 이렇게 하는 것이 잘못된 판단과 후회를 최소한으로 줄이는 방법이다. 그리고 그것을 보충해 주는 것이 바로 책이고 또한 사람들과의 교제이다.

　그러나 타인과의 교류와 책에서 얻은 지식을 비판 없이 신뢰하고 수용하면 안 된다. 교류와 책에서 얻은 지식은 판단을 도와주는 요소에 불과하기 때문이다. 비록 힘들고 번거롭긴 하겠지만, 자신의 힘으로 사고하는 힘을 꼭 철저히 키워나가기를 바란다.

어떤 상황에서든 흐려지지 않는
판단력을 길러라

지식의 자리는 머리에 있고, 지혜의 자리는 마음에 있다.

우리가 바르게 느끼지 못한다면 잘못 판단할 것은 뻔한 일이다.

_윌리엄 헤즐리트

　　　　　　장점은 단점을 수반하고, 덕행은 부도덕함을 수반하는 법이다. 잠시만 방심해도 자신도 모르게 실수할 수 있다. 용감함이 만용으로 변질될 수 있고, 과도하게 신중하면 비겁해질 수 있다. 또한 너무 절약하면 박해질 수 있고, 너그러움이 과하면 자만을 키운다.

잘 따져보면 단점을 만들지 않고 부도덕한 일을 하지 않도록 조심하는 것만큼, 자신이 가진 덕이나 장점이 부정적인 특성으로 변질되지 않도록 주의하는 것도 중요하다는 생각이 든다. 부도덕한 일 자체가 보기 싫은 것이므로, 한번 목격하면 무의식적으로 외면하게 되고, 그 일에 연루되기 싫어진다. 물론 부도덕한 행위가 그렇지 않은 것처럼 꾸며져 있는 경우에는 얘기가 다르다.

반면, 도덕적인 일은 그 자체만으로도 아름답다. 도덕적인 일을 목격하면 그 순간 매료되고 볼수록 알수록 사로잡힌다. 그 후 곧 도덕적 행위에 취하기까지 한다.

바로 이 시점에 올바른 판단력이 필요하다. 도덕적 행위가 마지막까지 변질되지 않고 장점을 장점으로 유지하려면 자신을 채찍질하여 도덕적 행위에 과도하게 취하지 않도록 해야 한다.

내가 이 말을 하는 이유는 소위 지식인이라고 불리는 사람이 걸릴 수 있는 덫에 대하여 알려주어야 한다고 생각하기 때문이다. 학식이 아무리 깊어도 바른 판단력이 없다면 '잘난 척한다', '건방지다'라는 억울한 비난을 받을지 모른다.

너도 많은 지식을 쌓을 것이므로, 미래를 위해 다양한 지식을 가진 사람들이 쉽게 걸리는 덫에 걸리지 않도록 지금부터 조심해야 할 것이다.

지식을 쌓을수록
겸손한 태도를 갖춰라

학식을 많이 쌓은 사람일수록 자만심이 과도해져 타인의 의견을 잘 듣지 않는 경우가 많다. 그런 사람은 자신의 판단을 밀어붙이거나 독단적인 결정을 내리기도 한다.

그럴 경우 어떻게 될까? 자신의 의견이 묵살당한 사람들은 그가 깔본다고 생각해 마음의 문을 닫고, 그를 진심으로 따르지 않는다. 심지어 저항하거나 화를 내고 법적 수단으로 그를 공격하려 할 수도 있다.

이런 상황을 막기 위해서는 다양한 지식을 쌓을수록 더 겸손한 태도를 갖추어야 한다. 자신의 주장만을 거만한 태도로 밀어붙이려 하면 안 된다. 비록 자신이 어떤 문제에 대해 확신하더라도, 그 확신만 내세워서는 안 된다. 의견을 말할 때도 너무 단호하게 말하지 않아야 한다. 다른 사람을 설득하려면 먼저 그의 의견을 조심스럽게 경청해야 한다.

잘난 척하고 건방진 녀석이라는 평을 받지 않으려면, 너의 지식을 과시해서는 안 된다. 다른 사람보다 훌륭하거나 지식이 많아 보이려 한다면 타인의 마음을 얻을 수 없다. 지식은 회중시계처럼 잘 지니고 있기만 해도 충분하다. 뽐내고 싶어서 필요하지도 않은 상황에서 주머니 속 회중시계를 꺼내거나 다른 사람에게 시간을 가르쳐 주지 마라. 누군가 시간을 물으면 그때 시계를 꺼내 알려줘도 충분하다. 자랑하려고 일부러 꺼내 놓지는 말아야 한다. 학식을 항상 머릿속에 담아두지 않으면 갑자기 써야 할 때 꺼내놓을 수 없어서 난감한 경우가 생기며, 학식이 없어서 큰 망신을 당하기도 한다. 그렇더라도 앞서 언급한 것과 같은 잘못을 저질러 비난받지 않도록 항상 조심하여라.

현실성 없는 이론으로는
세상을 알 수 없다

많은 사람이 실행하지 않는 지식을 가지고 있다.

즉, 지식을 하나의 장식물로 알고 있다.

그러나 실행하지 않는 지식은 유리로 만든 의안(義眼)과 같아

실제로는 아무런 효과가 없다.

_쉬노크

　　　　　　　　오늘 친척뻘인 사람을 만나 함께 저녁을 먹고
시간을 보냈는데, 녹초가 되어버릴 정도로 너무나도 힘들었다. 그
사람은 학식이 풍부하고, 능력이 뛰어나다는 평판이 있다. 그는 여
러 가지 지식을 안다는 것까지는 좋았는데, 어떤 태도로 말해야 하
는지 전혀 몰랐고 기본적인 예의조차 갖추지 못했다. 흔히 별 영양
가 없이 아무 말이나 하는 것을 잡담이라고 하는데, 그의 이야기를

듣는 건 잡담을 듣는 것보다 훨씬 지겨웠다.

오랜 세월 연구실에서 여러 가지 사안에 대해 고찰한 사람이라 그런지 자기주장이 강했고 내 의견이 자신과 약간만 달라도 분노로 안색이 달라졌다. 물론 그의 주장은 그럴듯했지만, 주장에 현실성이 없었다. 그 이유는 무엇일까? 사람들과 친분을 나누지 않고 독서만 하였기 때문이다. 그는 학식은 풍부하지만, 인간에 대해서는 전혀 무지했다.

특히 자기 생각을 말로 전달하는 것을 내가 다 안쓰러울 정도로 어려워했으며, 하려는 말이 입안에서 맴돌기만 하는 것 같았다. 그런 모습을 보니 학식이 넓고 아는 것이 많지만 인간과 세상에 대해 전혀 이해하지 못하는 사람보다는, 학식이 부족해도 세상에 대한 통찰력이 조금이라도 있는 사람과 대화하는 것이 더 낫다는 생각이 들었다.

학식만 풍부한 사람은
타인에게서 배우려 하지 않는다

세상에 대한 통찰력이 없는 사람이 펼치는 이론은 '세상은 그렇게 이론대로 돌아가지 않는다'는 것을 아는 사람을 피곤하게 만든다. 그런 사람과 이야기를 나누다가 세상은 이론과 실상이 다르다고 말할라치면 나의 의견을 못 들은 척 무시해 버리거나, 갑자기 면박을 주기도 한다.

그도 그럴 것이 상대는 케임브리지 대학이나 옥스퍼드 대학에서 평생 몸과 마음을 다 바쳐 연구한 사람이니 말이다. 예를 들면 인간의 두뇌나 마음에 관해서 또는 이성, 의지, 감각, 감상에 관해서 일반인이 쉽게 생각해내기 어려운 요소까지 세분화하여 철저히 연구·분석하고, 나름의 학설을 확립한 인물이다. 그러니 자신이 옳다는 확신 때문에 주장을 쉽게 굽히지 않는다. 그와 같은 이론가들이 이룬 업적이 탁월하다는 걸 부정하는 것은 아니다. 하지만 그들은 안타깝게도 실제로 인간을 관찰한 일도, 사귄 일도 없어 세상에는 다양한 인간이 있다는 것과 갖가지 관습, 편견, 기호가 있다는 것, 그리고 이 모두를 종합한 끝에 한 사람의 인간이 존재한다는 것을 전혀 모른다. 이를테면 인간에 관해서는 아무것도 알지 못하는 상태인 것이다.

그런 이론가는 칭찬은 고래도 춤추게 한다는 이론을 숙지하고 연구실에서 그 이론을 적용해 보려 해도 어떻게 해야 할지 모른다. 그리하여 무턱대고 칭찬하지만 그 결과가 어떨지는 쉽게 상상할 수 있을 것이다. 칭찬이 오히려 독이 되거나 차라리 침묵을 지키는 것이 더 좋은 때도 있으니 말이다.

이론가들은 머릿속이 온통 자기 생각만으로 가득 차 있어 가까운 사람들의 대화 주제나 그들이 현재 직면한 상황까지 고려하지 못하는 경우가 많다. 주위를 섬세하게 고려할 마음마저 없어 생각난 김에 앞뒤 가리지 않고 무조건 칭찬을 해버리는 것이다.

이런 칭찬을 받은 사람은 뜬금없게 느껴지고 당황해서 어떤 반응을 해야 좋을지 고민하게 된다.

사람은 여러 색깔로 변할 수 있다

세상 물정 모르는 학자들은 아이작 뉴턴이 프리즘을 통해서 빛을 보았을 때처럼 사람이 몇 가지 색깔로 보일 것이다. 예를 들면 어떤 사람은 빨간색, 다른 사람은 파란색으로 분류하는 것이다. 하지만 경험 많은 염색 기술자 같은 사람은 인간을 그런 식으로 파악하지 않는다. 색깔에 채도와 명도가 존재하며, 한 가지 색깔은 사실 여러 색깔이 합쳐져 만들어진다는 것을 그는 잘 알고 있다. 원래 한 가지 색깔만 가진 사람은 없으며, 적은 양일지라도 여러 가지 다른 색깔이 섞여 있거나, 그림자가 들어 있거나 한다.

그리고 빛을 얼마나 받았는지에 따라 색깔이 변화하는 비단처럼, 인간도 외부 상황에 따라 여러 색깔로 변화할 수 있다. 이는 세상 물정을 아는 사람이라면 누구나 아는 사실이다. 하지만 세상으로부터 격리되어 연구실에서 연구만 하는 거만한 이론가는 이 사실을 알지 못한다. 이는 머리가 좋다고 알 수 있는 사실이 아니기 때문이다. 그러므로 배운 것을 세상에서 행하려고 시도하여도 생각대로 되지 않는다. 이는 춤을 배운 적도, 본 적도 없는 사람이 멜로디나 리듬을 알고 악보를 읽을 수 있어도 춤출 수 없는 것과 같다.

결국 머리로 생각하는 것과 현실 사이에는 큰 차이가 있다는 걸 알아야 한다.

지식은 행동으로
옮겨야 비로소 지혜가 된다

지식도 인품도 부족한 사람들이 자기보다 훨씬 능력 있는 사람들을 능수능란하게 부리는데, 당사자들은 그 사실을 인식조차 못 하는 경우를 보았느냐? 나는 살면서 그런 경우를 여러 번 보아왔다. 열등한 사람 쪽이 지식은 부족하지만, 세상을 사는 지혜는 더 뛰어난 경우였다. 지식과 인품은 뛰어나지만 세상 물정에 어두운 사람의 단점을 찾아 그들을 자기 마음대로 조종하고 있었다.

책에서 얻은 지식을 통해서만 세계관을 키운 사람과 직접 경험하고 관찰하여 세계관을 키운 사람은 본질적으로 다르다. 후자가 훨씬 더 뛰어나다. 이는 잘 훈련 받은 말이 노새보다 훨씬 더 가치 있는 것과 마찬가지이다.

너도 지금까지 공부해온 것이나 보고 들은 것을 합쳐서 너의 판단에 따라 예의범절과 행동 양식, 인격을 확립해 가도록 해라. 그 후에 세상 물정을 파악하고 앞서 말한 것들을 더 닦아 나가길 바란다. 이를 위해 사회와 관련된 독서를 하는 것도 권장한다. 이론과 현실을 비교해 보면 훨씬 더 의미 있는 공부가 될 것이다.

일례로 오전 공부 중에 라 로슈푸코(La Rochefoucauld; 1613~1680. 프랑스의 모럴리스트)의 격언을 몇 구절 읽고 이에 대해 오랜 시간 생각해 보았다면, 저녁에 사교계 모임에 나가 만난 사람들에게 그 격언을 적용해 보는 것도 좋다. 또한, 라 브뤼에르(La Bruyere; 1645~1696. 프랑스의 모럴리스트)의 저서를 읽은 후 그 책에 표현된 세상이 어떤 것인지 현실에서 알아보도록 하여라.

책에는 인간의 감정이 어떻게 동요하고 마음이 어떻게 움직이는지 등 모든 것이 적혀있다. 따라서 미리미리 독서를 해두는 것은 매우 슬기로운 행위이지만, 독서만 하는 것으로 끝내지는 말아야 한다. 사회에 나가 지식을 실천하지 않으면, 힘들게 쌓은 지식은 죽은 지식이 되고, 지식이 잘못 쓰이기까지 한다. 이는 방구석에서 돋보기를 들고 세계지도를 응시해봤자 세계의 본질에 대하여 그 무엇도 알 수 없는 것과 마찬가지이다.

표현력을 익혀서
설득력을 키워라

한 마디의 말이 들어맞지 않으면 천 마디의 말을 더 해도 소용이 없다.

그러기에 중심이 되는 한 마디를 삼가서 해야 한다.

중심을 찌르지 못하는 말은 차라리 입 밖에 내지 않느니만 못하다.

_채근담

너에게 도움이 되는 사례를 하나 말해주고 싶다. 틀림없이 참고가 될 것이다. 율리우스 달력이 태양력을 11일 초과한 부정확한 달력이라는 것은 모두 잘 알고 있는 사실이다. 이를 교황 그레고리우스 13세가 개정했고, 유럽의 가톨릭 국가들은 이 그레고리력을 바로 받아들였다. 그 후 영국과 스웨덴, 러시아를 뺀 모든 프로테스탄트 국가가 이를 수용했다.

나는 유럽의 주요 국가들이 그레고리력을 채택하고 있는데, 우리나라만 잘못된 점이 많은 율리우스력을 계속 사용하는 것이 부끄럽다고 생각하였다. 나 외에도 당시 외국과 자주 교류하던 많은 무역상이나 정치가들이 율리우스력이 불합리하고 불편하다고 생각하였다. 따라서 나는 영국의 달력을 율리우스력에서 그레고리력으로 개정하기 위하여 이론을 정리하고 법안을 상정하겠다는 결심을 하였다.

말을 할 때 호감 가는 태도를 갖추어라

우선, 영국을 대표하는 천문학자와 법률가 몇 명의 조언을 반영하여 법안을 만들었다. 나는 이때부터 많은 고생을 했다. 천문학상의 계산과 법률 전문용어를 전혀 모르던 내가 낯선 계산과 전문용어가 잔뜩 포함된 법안을 제안해야 하는 상황이었다. 그래도 법안을 통과시키려면 상원 의원들에게 나에게도 달력에 대한 지식이 어느 정도 있다는 사실을 알려야 했다. 또한 나처럼 달력에 대한 지식이 별로 없던 의원들에게도 법안에 대해 이해한 것 같은 느낌이 들게 해야 했다.

슬라브어나 켈트어를 배워 그 언어를 사용하는 것처럼, 천문학

용어를 익혀 그에 대한 설명을 하는 것도 내겐 그리 어렵지 않았다. 하지만 의원들의 입장에서 천문학에 대한 전문적인 설명은 전혀 흥미롭지 않으리라 생각했다. 그래서 전문용어를 나열하거나 내용을 설명하지 않고, 의원들의 마음을 사로잡으려고 노력하였다.

나는 말투, 몸짓, 화술, 문체에 주의를 기울여, 이집트력부터 그레고리력까지 달력의 역사를 여러 일화와 함께 흥미롭게 설명하였다. 그 결과 그들의 마음을 잡는 데 성공하였고, 앞으로도 이런 방법으로 설명하면 분명히 성공할 것이다.

상원 의원들은 내 설명이 이해된다는 얼굴이었다. 과학적 원리를 설명할 생각도 없었고, 그러한 설명을 전혀 하지 않는데도, 여러 의원이 내 발언을 듣고 달력에 대한 모든 것을 확실히 알았다고 말하였다.

내 설명이 끝나고 법안을 만들기 위해 가장 노력해준, 유럽 최고의 천문학자이자 수학자인 마크레스필드 경이 전문적인 설명을 하였다. 하지만 그가 말하는 태도가 훌륭하지 못했던 것인지, 어이없게도 내가 모든 칭찬을 독점해버렸다. 이것이 세상의 이치이다.

너에게도 비슷한 경험이 있을 것이다. 아무리 주장이나 이론이 훌륭하다고 해도 설명하는 태도가 훌륭하지 못하면 사람들이 반기지 않는다.

어떤 사람이 말을 걸었는데 정제되지 못한 목소리와 이상한 억양으로 말이 안 되거나 앞뒤가 뒤죽박죽인 주장을 한다면, 말하는 내용을 듣기도 싫어진다. 말하는 사람의 인품을 믿지 못하게 되기까지 한다. 적어도 나의 경우에는 그렇다.

반면에 이론적 배경이 조금 약하더라도 호감 가는 태도로 말을 하면 내용까지 설득력 있는 것처럼 들리고, 화자의 인품에 반한다.

주장의 내용 못지않게
세세한 부분도 중요하다

전하려는 주장을 더하지도 꾸미지도 않고 논리적으로 말하는 능력을 갖추고 있다 해도, 그것만으로는 의견을 전달하는 데 충분치 않다. 다수의 청중 앞에서 주장을 펼칠 때는 내용보다는 달변가인지 아닌지에 따라 평판이 정해지기 때문이다.

공적인 모임에서 듣는 사람의 동의를 얻거나 사적인 모임에서 상대방의 마음을 얻으려고 하는 경우 모두, 말하는 사람의 품격, 제스처, 표정, 분위기, 사투리의 유무, 억양, 강조하는 부분, 목소리를 내는 방식 등 지엽적인 부분이 이야기의 핵심적인 내용만큼이나 중요하다.

나는 스토마운트 경의 큰아버지인 뮤레이 법무장관과 피트 씨가 영국에서 가장 훌륭한 연설을 하는 사람들이라고 생각한다. 두 사람만이 영국 의회에서 논쟁이 격해지는 것을 진정시켜서 조용하게 할 수 있다. 두 사람은 시끄럽게 자기 할 말만 하는 의원들을 조용하게 만들고, 자신의 연설에 집중하게 하는 힘을 가지고 있다. 두 사람이 의회에서 연설할 때에는 바늘 떨어지는 소리까지 들릴 정도로 고요하다.

두 사람의 연설에 이런 강력한 힘이 있는 이유는 무엇일까? 다른 의원들보다 연설 내용이 뛰어나서일까? 아니면 논리적 근거가 아무도 반박하지 못할 정도로 탄탄하기 때문에 훌륭한 연설로 여겨지는 걸까?

나도 그 두 사람의 연설에 빠져든 경우가 있지만, 귀가하여 꼼꼼히 따져보면 연설 내용이 탄탄하지 못하고, 주제 자체도 설득력이 없을 때가 많았다. 나는 연설의 내용에 빠져든 것이 아니라 화술 등의 형식에 빠져든 것이다.

꾸밈이 전혀 없고 논리적이기만 한 화술은 개인적인 모임이나 지식인 서넛이 모이는 장소에서는 잘 통할지 모른다. 하지만 수많은 청중 앞에서 공적인 연설을 할 때는 그런 화술이 잘 통하지 않는다.

이것이 세상의 이치이다. 사람들은 교훈적인 연설보다는 흥미롭고 귀에 쏙쏙 박히는 연설을 더 좋아한다. 사람들은 원래 남에게 무엇인가 배우는 것을 선호하지 않는데, 그런 경우 스스로 학식이 없다고 시인하는 기분이 들기 때문이다. 너나 연설을 잘하지 못하는 사람들이 꼭 염두에 두어야 하는 사항이다.

바른말과 명확한 발음으로
표현력을 길러라

말을 능숙하게 하는 방법을 익히려면 어떻게 해야 할까? 달변가가 되겠다는 목표를 항상 염두에 두고, 문장 연습을 하거나 책을 읽는 등 최선을 다하여 여러 가지 방법으로 능력을 키워야 한다. 일단 겸손하고 품격 있는 화술을 갖추기 위하여 평소 회화를 연습해야 한다. 그리고 현대의 작품이든 고전 작품이든 달변가들의 저작을 최대한으로 읽어야 한다. 최선을 다하여 노력해야만 말을 정말로 능숙하게 하는 사람이 될 수 있다.

책을 읽을 때는 작가가 말투나 문체를 어떻게 사용하는지 잘 살펴야 한다. 만약 네가 그 책을 썼다면 어떤 요소를 보강할 수 있을지, 더 훌륭한 표현을 사용하려면 어떻게 해야 할지를 생각하며 읽어야 한다는 뜻이다. 그리고 같은 내용이라도 작가에 따라 어떻게 달리 표현하는지, 그에 따라 독자가 받는 느낌이 어떻게 달라지는

지 신경 쓰며 읽는 것이 좋다. 또한, 책의 내용이 아무리 탁월하다고 히더라도 문체가 내용과 따로 놀고 문장에 품격이 없거나 언어 사용법이 부적절한 경우, 책 자체의 가치가 얼마나 떨어져 보이는지 잘 살펴보는 것이 중요하다.

아주 친한 사람에게 편지를 보낼 때도, 정말 자유로운 대화를 할 때도 너만의 창의력 있는 스타일을 갖는 것이 중요하다. 말을 하기 전에 어떤 방식으로 말할지 대비를 해야 한다. 적절히 대비하지 못하고 대화를 하였더라도, 대화 후에 더 좋은 화술로 말할 수는 없었는지 돌아보아야 한다.

네가 관객의 마음을 사로잡는 유명한 배우들이 말하는 방식에 집중하여 살펴본 경험이 있는지 궁금하구나. 배우들을 잘 살펴보면 탁월한 배우는 항상 바른 단어를 사용하고 발음도 명확하게 한다. 말은 개념을 전달하는 도구이므로, 개념이 전달되지 않는 방식으로 말하거나 귀에 들어오지 않는 화법을 쓰는 것은 현명하지 못한 행동이다.

하트 씨에게 네가 매일 큰소리로 책을 읽을 테니, 어떤지 들어봐 달라고 부탁드려라. 읽는 속도, 단어를 강조하는 방식, 호흡법에 문제가 있다면 모두 지적하고 고쳐달라고 하여라. 책을 낭독하는 경우, 입을 크게 벌려 단어 하나하나 정성 들여 명확하게 발음해야 하므로, 속도가 조금이라도 빠르거나 발음이 명확하지 못하면 고

처야 한다.

혼자 낭독해볼 때에도 잘 들어라. 네 발음에는 무엇인가 걸리는 것 같은 느낌이 있어서 빨리 말할 때 이해하기 힘든 경우가 있으니 조심하여라. 처음에는 천천히 낭독하다가 점점 말이 빨라지는 나쁜 버릇이 있는데, 이 또한 고치려고 노력해라. 불명확한 발음이 있다면 완벽해질 때까지 부지런히 애를 써라. 이러한 연습이 별것 아닌 것처럼 보여도, 말을 할 때 명확하게 네 뜻을 타인에게 전하고, 표현력을 길러 좋은 연설을 하는 데 크게 기여할 것이다.

자기 생각을 문장으로 구체화해라

여러 가지 사회 문제 중 몇 개를 선택하여, 그 문제들과 관련된 논제를 상정하고 이에 대한 찬성 의견과 반대 의견을 생각해 보아라. 거친 논쟁을 품격 있는 언어로 표현하는 연습도 너에게 큰 도움이 될 것이다. 예를 들면 국가에 상비군을 두어야 하는지에 대한 찬반 논쟁을 생각해 보아라. 찬성 측은 힘에는 힘으로 대항해야 하므로 상비군을 두어야 한다고 주장할 수 있다. 반대 측은 강력한 군사력이 주변 국가를 위협하므로 상비군을 두지 말아야 한다고 주장할 수 있다.

이러한 찬반 의견에 대해 다양한 측면에서 생각해보고, 상비군을 갖는다는 것이 상황에 따라 필요악인지 고찰해야 한다. 그런 후 너만의 생각을 정리하고, 품격 있고 우아한 문장으로 표현해 본다면 토론 연습도 되고, 항상 능숙하게 말하는 태도를 익히는 연습도 될 것이다.

상대방의 마음을 사로잡는 화술을 익혀라

어떤 사람을 제압하려면 상대방을 과대평가하지 말아야 한다고 알려준 적이 있다. 연설을 할 때도 청중을 사로잡으려면, 청중을 과대평가하지 말고 말의 내용과 화술에만 집중하도록 하여라.

나 역시 처음 상원의원이 되었을 때는 의회에 훌륭한 사람들만 있다는 생각에 긴장했다. 하지만 초반에 잠시 그랬을 뿐, 의회의 실상이 어떤지 깨달은 후에는 압박감이 즉시 사라졌다.

나는 의원 560명 중 분별력을 가진 사람은 겨우 30명 정도이고, 나머지는 그냥 평범한 사람이나 마찬가지라는 것을 깨달았다. 그리고 품격 있는 화술과 논리적인 내용을 담은 연설을 요구하는 건 분별력을 가진 30여 명뿐이며, 나머지는 내용은 신경 쓰지 않고,

듣기 좋은 연설만 좋아한다는 사실을 알게 되었다.

이 사실을 깨닫고 나니 연설을 할 때 덜 긴장되었고, 결국 나는 청중의 반응에 일희일비하지 않고, 연설의 내용과 뛰어난 화술을 발휘하는 것만 신경 쓸 정도로 발전했다. 자랑하고 싶어서 하는 말은 아니지만, 나는 그때부터 스스로가 내실 있는 연설을 할 수 있는 사람이 되었다고 생각했다.

웅변가는 실력 있는 구두장이와 매우 비슷하다. 둘 다 청중이나 고객에게 어떤 방식으로 맞출 것인가를 알고 나면, 그 후 자기 일을 기계적으로 할 수 있다. 청중의 마음을 사로잡고 싶다면 청중들이 좋아하는 방식을 이용하여야 한다. 웅변가가 청중이 어떤 개성을 가졌는지까지 선택할 수는 없으며, 있는 그대로의 청중을 수용하여야만 한다. 청중은 자신의 마음이나 오감을 매료시키는 요소만 좋아하고 받아들인다.

라블레(Rabelais; 1494~1553. 프랑스의 인문주의 작가)의 첫 작품 역시 아무도 받아들이지 않았다. 첫 작품의 실패 후 그는 각고의 노력 끝에 독자의 취향에 맞는 책을 썼고 비로소 독자의 사랑을 받게 되었다.

서명하거나 도장을 찍을 때는 당당하게 하여라

만약 시간을 잘 사용하길 원한다면,

뭐가 가장 중요한 것인지 알아야 하고,

당신의 모든 것을 투자해야 한다.

_리 아이아코카

지난번에 네가 사용한 90파운드에 대한 청구서가 왔는데, 순간 지급하기 싫다는 생각이 들었다. 금액 때문에 그런 생각이 든 것은 아니다. 이런 일에 대해서는 미리 상의해야 하는데 너는 이와 관련해 일절 연락하지 않았다. 그리고 너의 서명이 너무 작아서 찾을 수 없었다. 돋보기로 청구서를 가져온 사람이 가리킨 곳을 자세히 보고 나서야 네가 청구서의 구석에 서명한 것을 보았다. 간단한 X표 서명이어서 글을 알지 못하는 사람이 단순하게 표시한 것인 줄 알았는데, 네 서명이어서 놀랐다. 나는 여태까지 그렇게 초라하고 작은 서명을 처음 보았다. 나이를 먹을수록 서명을 하거나 도장을 찍어, 자신의 명의를 나타내어야 하는 일이 점점 더 많아진다. 그리고 서명은 어떤 경우이든 동일하게 하는 것이 관례인데, 그래야만 자신의 서명이 손에 익고, 가짜 서명이 돌아다니는 것을 막을 수 있기 때문이다.

서명을 할 때는 다른 글자보다 조금 크게 써야 하는데, 이는 서명이 문서에서 특정인을 대신하기 때문이다. 중요한 사람에게 보내는 서류에 크기도 작고 볼품없는 서명을 한다면 어떻게 될까? 그는 네가 통이 크지 못하고 소심한 사람이라고 오해할지도 모른다. 심지어 문서에 서명한 사람이 누구인지 알아보라고 피고용인에게 시킬 수도 있다.

서두르되 허둥대지 마라

너는 허둥지둥하느라 그런 서명을 하였다고 변명할지도 모른다. 그렇다면 허둥댄 이유는 무엇인지 궁금하구나. 지성인은 서두르는 때는 있어도 허둥지둥하는 경우는 없다. 허

둥지둥하면 일을 그르친다는 걸 알기 때문이다. 그러므로 서둘러서 일을 끝내는 건 괜찮지만, 그 과정에서 일을 서투르게 마무리하는 건 아닌지 항상 주의해야 한다.

소심한 사람은 자신이 맡은 일을 자기 능력으로 해결할 수 없음을 깨달았을 때 허둥지둥한다. 그 일이 능력 밖이고 혼자 해결할 방법이 전혀 없다는 생각에 속을 썩이며 돌아다니다가 정신이 무너져 분별력이 없어진다. 모든 일을 한번에 해결하려고 시도하다가 아무것도 손대지 못하게 된다.

분별력 있는 사람은 그 점에서 다르다. 하려는 일을 완벽히 끝내는 데 필요한 시간을 미리 할당해 두고, 서두를 때에도 한 가지 일에만 집중하여 마무리한다. 즉, 서두르면서도 침착하여 허둥지둥하지 않으며, 어떤 일이 끝나기 전에 함부로 다른 일을 맡겠다고 하지 않는다.

네가 여러 가지 할 일이 많아 시간이 부족하다는 것은 나도 잘 안다. 하지만 어떤 일을 대충하는 것보다는 차라리 반이라도 완벽히 해내고, 나머지 반은 건드리지 않고 그대로 두는 것이 낫다. 시간이 없다고 서명을 제대로 하지 못하여 교양 없는 사람이라는 오해를 받는 경우, 서명을 빨리함으로써 얻은 몇 초의 시간은 아무 가치가 없다.

PART 6

어떻게 평생 가는 우정을 키울 것인가?

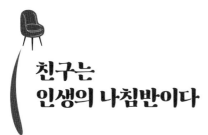

친구는
인생의 나침반이다

비평가들은 우리의 친구들이다.

그들은 우리에게 우리의 잘못을 보여주기 때문이다.

_벤자민 프랭클린

이 편지가 네게 도착할 즈음이면 아마도 너는 베니스에서 사육제를 즐긴 다음 트리노에서 지내며 열심히 공부하고 있을 것이다. 나는 트리노의 체제가 네 학습에 보탬이 되고 네 학력을 높여주길 바라며, 꼭 그래야만 한다고 생각한다. 하지만 트리노에 있는 전문학교에 평판이 나쁜 영국인이 많다는 소문이 들려서, 네가 너무나도 걱정이 되는구나. 평판 나쁜 영국인들과 어울리다가 여태까지 노력해서 쌓아 올린 것들을 망치지는 않을까 너무나도 걱정된다. 그들이 어떤 사람들인지 정확히 알 수는 없지만, 무리 지어 다니며 거칠고 난폭한 행동을 하기도 하고 예의 없는 태도로 마음의 편협함을 드러내고 있다는구나.

그런 행동은 자기들끼리만 하면 좋겠는데, 그럴 사람들이 아닌 것 같다. 그들은 다른 영국인들에게 같은 무리에 들어오라고 압박하거나 집요하게 권한다고 한다. 그런데도 자신들의 무리에 들어오지 않으면, 비웃고 놀린다고 한다. 이는 네 나이의 경험 없는 청년들에게 효과가 있을 것이다. 압력을 받거나 강권을 당하는 것과는 비교도 안 된다. 부디 이런 사람들에게 휘말리지 않도록 각별히 주의하기 바란다.

대부분의 청년은 누군가 부탁하였을 때 거절하는 것을 힘들어한다. 싫다고 말하면 체면이 깎인다고 생각하기 때문이다. 또한, 부탁한 사람에게 미안하기도 하고, 동료들에게 따돌림을 당하고 싶지도 않을 것이다. 그런 생각을 하는 것 자체가 나쁜 것은 아니다. 상대방의 말을 들어주거나 기쁘게 해주고 싶다는 생각은 상대방이 훌륭한 인품을 가진 경우에는 좋은 결과를 가져온다. 하지만 그렇지 않을 때에는 원하지 않는데 상대방에게 끌려다니는 사태를 가져올 수도 있다. 자기에게 결점이 있다면 그것으로 족한 것이지, 남의 결점을 흉내 내 결점을 증가시키는 일은 절대 하지 말기 바란다.

오래 가는 우정이 진정한 우정이다

트리노의 대학에는 다양한 사람들이 있을 것이다. 그들과 금방 가까워지고 친밀해질 수 있다고 생각한다면 그것은 오산이며, 당치않은 자부심이다. 진정한 우정은 그렇게 쉽게 얻을 수 있는 것이 아니다. 오랜 시간 서로에 대해 알아가고 이해하는 과정을 거치지 않으면 진정한 우정이 꽃피지 않는다. 그런데 진정한 우정이 아닌 이름만의 우정이라는 것도 있다. 이는 요즘 청년들 사이에 널리 퍼져있는데, 이러한 우정은 잠깐은 뜨겁게 불타오르지만 금방 꺼져버린다. 우연히 알게 된 친구 몇 명과 함께 분별없는 행동을 하거나 놀이에 빠지는 경우가 있을 것이다. 즉, 술과 여자를 가까이하며 놀면서 우정을 키우는 경우가 있다는 것이다. 차라리 사회에 대한 저항이라면 애교로 봐줄 수 있겠지만, 경박하고 신중하지 못한 이들이 그렇게 재치 있게 행동할 리 있겠느냐. 자신들의 피상적인 관계를 우정이라 부르면서 함부로 금전 거래를 하거나 친구를 위한다며 소동을 벌여 싸우기도 한다.

하지만 이런 사람들은 관계가 소원해지면 손바닥 뒤집듯이 상대방을 비난하고 다닌다. 일단 사이가 벌어지면 끝이고 두 번 다시 상대방의 입장을 고려해주는 일은 없다. 지금까지 쌓아온 신뢰를 무너뜨리고 상대방을 조롱하기도 한다.

여기서 주의해야 할 점은 놀이 동무와 친구는 다르다는 점이다. 함께할 때 즐겁다고 좋은 친구라고 할 수는 없다. 아니, 오히려 그런 사람이 친구로서 부적합한 사람일 수도 있다.

어떤 상황에도 적을 만들지 마라

어떤 친구와 함께하는지에 따라 그 사람의 평판이 어느 정도 결정된다 해도 과언이 아니다. 스페인 속담 중 이를 명확히 표현하는 말이 있다. '누구와 함께 사는지 알려 달라. 그러면 네가 어떤 놈인지 알아맞혀 주겠다.' 아둔하거나 부도덕한 사람을 친구로 둔 사람은 그 사람도 숨기고 싶은 비밀을 가지고 있거나, 부도덕한 행동을 한 것은 아닌지 의심받는다.

주의할 점은 그런 사람이 너에게 다가왔을 때 그가 눈치채지 못하게 몸을 피해야 하지만, 과도하게 냉정한 태도로 대하여 적으로 만들면 안 된다는 것이다. 친구로 지내고 싶지 않은 사람은 얼마든지 있겠지만, 그렇다고 해서 적으로 만드는 것은 지양하여야 한다. 만약 내가 그런 상황이라면, 그들을 친구로도, 적으로도 두지 않고 중간적인 입장을 택하겠다. 이것이 가장 안전한 방법이라고 생각한다.

아둔하거나 부도덕한 행동은 미워해도 좋지만, 인간적으로 적대시하지는 말아야 한다. 그런 행동을 하는 사람들이 너에게 적의를 가지게 하면 안 된다. 그들과 친밀하게 지내는 것보다야 낫지만, 그들의 적의로 인해 너에게 피해가 생길 수 있다. 중요한 점은 어떤 상대 앞에서든 하면 좋은 일과 하면 안 되는 일, 말해도 되는 것과 말하지 말아야 할 것을 잘 분별하여 스스로를 통제해야 한다는 것이다. 무엇인가를 분별하는 척하는 것은 가장 나쁜 행동이다. 이는 상대방을 불쾌하게 할 뿐 아니라 네가 분별한 것이 틀릴 경우 상대방을 화나게 한다. 진정한 의미에서 예리한 분별력을 가진 사람은 매우 적다. 사람들은 대부분 쓸모없는 데 몰두하여 고집스럽게 침묵하거나, 반대로 자기 지식과 생각을 그대로 드러내 적의를 사기도 한다. 이 두 가지는 모두 잘못된 행동이다.

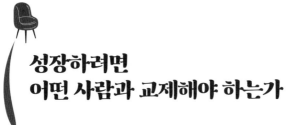

성장하려면
어떤 사람과 교제해야 하는가

한 사람의 진실한 친구는 천 명의 적이 우리를 불행하게 만드는

그 힘 이상으로 우리를 행복하게 만든다.

_에센 바흐

친구에 대한 이야기는 이 정도로 하고, 이제
어떤 사람과 교제해야 하는지에 관해 이야기하겠다.

아래를 보지 말고 위를 봐라

사람들과 사귈 때는 가급적 자신보다 뛰어난
사람들과 교제하려고 노력해야 한다. 탁월한 사람들과 친분을 나누면, 자신도 그들처럼 되려고 노력하게 된다. 반대로 자신보다 부족한 사람들과 사귀면, 자신의 수준도 그들과 비슷해진다. 앞서 말한 것과 같이 사람은 누구와 교제하느냐에 따라 어떤 식으로든 달라진다.

내가 말하는 '뛰어난 사람'이란 지위가 높거나 가문이 좋은 사람이 아니라, 세상 사람들로부터 훌륭하다고 인정받는 내실 있는 사람을 가리킨다.

'뛰어난 사람'은 두 종류가 있다.

하나는 사회를 주도하는 사람이고, 다른 하나는 사교계에서 눈에 띄는 활동을 하는 사람이다. 이들은 대부분 특별한 재능을 가졌거나 특정 예술 및 학문 분야에서 뛰어난 성과를 내는 사람들이다. 자기 혼자만 그렇게 생각하는 게 아니라, 다른 사람들이 모두 '뛰어난 사람'이라고 인정하고, 그렇게 부르는 사람이어야 한다. 여기에 몇몇 예외적인 사람이 포함되어도 상관없으며, 오히려 그 편이 바람직하다.

교제하기 적합한 집단에도 저명한 인물의 소개로 억지로 거기 들어갔거나, 뻔뻔한 성격만 가지고 들어간 각양각색의 인간들이 있을 수 있다. 다양한 도덕관과 인격을 가진 사람들을 관찰하는 행위는 유익하면서도 즐겁다. 그리고 그런 사람들이 있더라도 집단의 주류는 뛰어난 사람이다. 그런 곳에 눈살을 찌푸리게 하는 사람이 가입하기는 매우 힘들다.

같은 맥락에서 높은 신분을 가진 사람들의 배타적인 모임은 그 지역에서 훌륭하다고 인정받지 못하는 경우, 반드시 좋은 모임이라고 할 수는 없다. 신분이 높다고 하더라도 예의 없거나 생각이 없거나 쓸모없는 사람이 있을 수 있기 때문이다.

학식이 풍부한 사람들만의 모임도 마찬가지다. 학식 높은 사람들이 사회에서 존경받고 정중한 대우를 받기는 하지만, 그들의 모임이 교제하기 적합한 그룹이라고 하기는 힘들다. 앞서 자세히 언급한 것처럼 그들은 적절하게 행동할 줄 모르고, 세상을 모르며, 학문밖에 모른다.

너에게 그런 집단에 가입할 만한 능력이 있다면, 가끔 모임에 참여하는 것도 매우 좋은 일이다. 이로 인하여 너의 평판이 좋아지면 좋아졌지 나빠지지는 않을 것이다. 하지만 그 집단에만 몰두하는 것은 좀 더 생각해 볼 일이다. 왜냐하면 세상 물정을 잘 모르는 사람들과 어울린다는 소리를 듣게 되므로 사회생활을 할 때 족쇄가 될 수도 있기 때문이다.

지혜롭게 교제해라

모든 청년이 함께 있고 싶어 하고 추앙하는 사람들은 시인이나 재능이 뛰어난 인물이 아닐까? 자신에게도 재능이 있으면 그들과 교제하는 것이 더없이 행복할 것이고, 재능이 없어도 뛰어난 사람과 교제하는 것이 자랑스러울 것이다. 하지만 매력적이고 재능이 뛰어난 사람과 교제할 때에도 완전히 빠져들어서는 안 된다. 분별력을 잃어버리지 말고, 적당한 정도로 교제하는 것이 좋다.

그리고 사람들은 '재치'를 그다지 기꺼워하지 않는다. 사람들은 재치 있는 사람에게 공포심을 가지기도 한다. 대부분의 주위 사람은 날카로운 재치를 가진 사람을 두려워한다. 이는 대부분의 여성이 총을 보면 두려워하는 것과 마찬가지다. 안전장치가 갑자기 벗겨져 총알이 자신에게 박힐지 몰라 두려워하는 것이다.

하지만 이런 사람들과 지인이 되어 가까이 사귀는 것은 나름대로 즐거우며 의미 있는 일이다. 단, 정말로 매력 있는 사람을 만났다고 하여도, 다른 지인들과의 교제를 모두 중단하고, 그 사람하고만 사귀는 것은 바람직하지 못하다.

너의 결점을 칭찬하는
친구와 멀리하라

　　　　　수준 낮은 사람과 교제하는 것은 무슨 일이 있어도 삼가야 한다. 머리도 나쁘고, 사회적 지위나 인격적인 수준이 낮으며, 덕도 모자란 사람들이 너와 알게 되면, 스스로 내세울 장점이 하나도 없어서 너와 교제하는 것만을 자랑으로 삼을 것이다. 그리고 너와 계속 친밀하게 지내기 위하여 네 단점까지 하나하나 칭찬할 것이다. 그런 사람들과는 교제를 이어가지 않는 것이 옳다.

　너는 뭐 그런 당연한 것까지 강조하느냐고 의아해할지도 모르겠지만, 나는 재차 강조해도 지나치지 않는다고 생각한다. 사회적 지위도 높고 분별력 있는 인물들이 수준 낮은 사람과 교제하는 바람에 타락해 가고, 신용도 잃는 경우를 너무나도 많이 목격하였기 때문이다.

　여기에서 가장 문제가 되는 것은 허영심이다. 인간은 허영심 때문에 수많은 잘못을 저지르고 어리석은 행동을 하고 있다. 모든 측면에서 자신보다 수준 낮은 사람과 교제하는 이유도 그에게 허영심이 있기 때문이다.

　사람은 대부분 자신이 속한 집단에서 꼬리가 아닌 머리가 되고 싶어 한다. 동료들에게 존경도 받고 싶고, 찬사도 듣고 싶고, 자기 뜻대로 동료들을 움직이고 싶다고 생각한다. 별것도 아닌 칭찬을 듣고 싶어서 수준 낮은 사람들과 교제하는 것이다. 그 교제는 어떤 결과를 가져올까?

그렇다. 얼마 지나지 않아 그도 자신이 교제하는 사람과 같은 수준이 되고, 좀 더 훌륭한 사람과 교제하려 해도 그럴 수 없게 된다.

다시 말하자면, 사람의 수준은 그가 교제하는 사람의 수준에 따라 변화한다. 따라서 네가 누구와 교제하는지에 따라 네 평판이 달라진다는 것을 명심해야 한다.

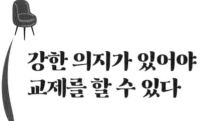

강한 의지가 있어야
교제를 할 수 있다

인간이 육체를 가진 이상 애정은 언제나 필요하다.

그러나 영혼을 깨끗하게 하고 성장케 하는 데는 우정이 필요하다.

_헤르만 헤세

　　　　　아직도 처음 사회에 진출하여 훌륭한 사람들을 소개받았던 때의 일이 기억난다. 케임브리지 대학교를 갓 졸업했던 나는 뛰어난 분들을 어떻게 대해야 할지 몰라 어정쩡한 자세로 서 있었다. 우아하게 행동하라고 스스로를 타일러도 서 있는 자세가 너무나 딱딱하고 어색하였으며, 누군가 말을 걸어오거나 내가 말을 하려고 할 때 머리도 입도 손발도 원하는 대로 움직이지 않았다.

　서로 귀엣말을 하는 사람들을 보면, 나에 관해서 이야기하고 있는 것처럼 느껴졌다. 심지어 그 모임에 참석한 사람들 모두가 나를 바보라고 비난하며 손가락질하는 것 같다고 생각했다. 이성적으로 생각해보면 갓 대학을 졸업한 나 같은 풋내기에게 신경 쓸 사람이 있을 리 없는데 말이다.

　나는 잠깐 감옥살이하는 죄인과 같은 마음으로 우두커니 서 있었다. 그때 모임에 참석한 사람들과 친분을 다져 나 자신을 발전시키려는 강력한 의지가 없었다면, 맥없이 도망쳐서 집에 돌아왔을지도 모른다. 하지만 어떤 방법을 쓰든 그 모임에 융화되고 싶어서 끝까지 그 자리에서 버텼다. 사람들과 잘 어울리겠다는 결심을 한 후에는 마음이 조금 편해졌다. 이젠 다른 사람이 말을 걸어오더라도, 처음처럼 더듬거리거나 우물쭈물하지 않을 수 있었다.

기회는 자신이 만드는 것이다

　　　　　사교장에서 곤경에 빠진 내 모습을 보고 사람들이 다가와 말을 걸어 주었는데, 그들이 나에게는 용기를 주고 위로해주러 온 천사 같았다. 사람들의 말을 들은 후 조금은 용기가 났다. 나는 매우 우아해 보이는 부인에게 다가가 용기를 내어 "오늘 날씨가 참 좋군요."라고 말을 걸었다. 부인은 매우 고상한 태도로 "저도 그렇게 생각해요."라고 답해 주었다. 그 후 대화가 끊어졌는데, 나는 더는 대화의 소재를 찾을 수 없어 너무나 난감하였다. 그때 부인이 다시 대화를 이어갔다.

"당황하지 마세요. 지금 매우 큰 용기를 내 저에게 말을 거신 것으로 보여요. 하지만 그렇다고 이 모임에 참석하신 분들과 교제하겠다는 생각을 단념하시면 안 됩니다. 다른 분들도 당신의 마음을 다 알고 계십니다. 당신이 여기 계신 분들과 허물없이 교제하겠다고 결심하는 것이 가장 중요합니다. 그런 마음을 먹은 다음에는 그 방법을 몸에 익혀야 합니다. 당신은 스스로 생각하는 것만큼 사교에 서툰 사람이 아닙니다. 경험을 쌓으면 곧 훌륭해질 것입니다. 제 곁에서 경험을 쌓고 싶다면, 당신을 제 애제자로 삼아 친구들에게 소개하겠습니다."

이 말을 듣고 나는 너무나 기뻤다. 하지만 무엇인가 부끄러워 너무나도 어색하게 답하였다. 나는 몇 번 헛기침을 했는데, 그러지 않으면 목에 무엇인가 붙어 있는 느낌이 들어 대답할 수 없었기 때문이다. 나는 겨우겨우 답했다.

"그렇게 말씀해 주셔서 감사합니다. 제가 자신 없게 행동한 이유는 아직 훌륭하신 분들과 교제한 경험이 매우 부족하기 때문입니다. 하지만 부인께서 제 선생님이 되어주신다니 기꺼이 받아들이고 싶습니다만⋯⋯."

내가 더듬더듬 말을 끝내기도 전에 그 부인은 서너 명의 지인을 불러 모아 프랑스어로 말했다.

"여러분, 제가 이 청년의 교육을 맡기로 하였습니다. 이 청년은 제가 교육을 맡았다는 사실을 매우 기뻐하고 계세요. 이분은 분명히 제가 마음에 드셨던 것 같아요. 그렇지 않았다면 떨면서 저에게 와서 오늘 날씨가 좋다고 말을 거시지 않았을 겁니다. 여러분도 이분을 도와주셨으면 좋겠습니다. 모두 협력해서 이 청년이 사교계에 익숙해지도록 도웁시다. 이분에게 본보기가 필요해요. 만일 제가 적절한 본보기가 아니라면 다른 분을 찾아주어야겠죠. 하지만 오페라 가수나 여배우 같은 분을 본보기로 택하면 안 됩니다. 그런 분들과 함께하면 세련된 몸가짐을 익히지 못하고, 건강과 재물을 잃고 사고방식도 거칠어집니다."

그 자리에 있던 서너 명이 뜻하지 않게 그 말을 듣고 웃었고, 나는 무뚝뚝하게 우뚝 서 있었다. 그 부인의 말이 진심인지 단순히 나를 놀리고 있는 것인지 판단하기 힘들었다. 나는 기쁜 동시에 부끄럽기도 하고, 용기를 얻는 동시에 실망하기도 하면서 부인의 말을 조용히 듣고 있었다.

끈기와 의욕을 가지고 교제해라

나중에야 이 부인과 부인이 소개해준 분들이 다른 사람들 앞에서 나를 얼마나 잘 감싸주었는지 알게 되었다. 나는 점점 자신감이 생겼고, 고상하게 행동하는 것이 더는 부끄럽게 느껴지지 않았다. 훌륭한 본보기를 찾아내면 열심히 비슷하게 따라 하였다. 나중에는 더욱 자유로운 마음으로 흉내 낼 수 있게 되었고, 결국 나름의 방법을 가미하여 따라 할 수 있게 되었다. 네가 사회에서 다른 사람 못지않게 뛰어난 성과를 내고, 다른 사람의 호감을 사고 싶다고 결심하기만 한다면 못 할 일이 없을 것이다. 하고자 하는 의지와 끈기만 있다면 말이다.

사람을 제대로 보는
안목을 길러라

인간은 강과 같다. 물은 어느 강에서나 마찬가지며 어디를 가도 변함없다.

그러나 강은 큰 강이 있는가 하면 좁은 강도 있고

고여있는 물이 있는가 하면 급류도 있으며 맑은 물과 흐린 물, 차가운 물

과 따스한 물도 있다.

인간도 바로 이와 같은 것이다.

_톨스토이

청년들은 사물이든 사람이든 보고 들은 모든 것을 과대평가하곤 한다. 그 이유는 사람과 사물에 대해 잘 모르기 때문이다. 따라서 진실을 알게 되면 그 평가는 점점 떨어질 것이다. 사람은 네 생각만큼 이성적이고 지적인 존재가 아니다. 사람은

감정의 영향을 받으며 쉽게 무너지는 나약함도 가지고 있다.

능력 있는 사람들도 완벽한 존재가 아니라는 사실은 너도 알 것이다. '능력 있다'는 것은 다른 사람과 비교해 보았을 때 더 능력이 있다는 것이지, 완벽하다는 것은 아니다. 다른 사람들보다 결점이 적다는 이유만으로 '능력 있다'라는 평판을 얻어 다른 사람들보다 높은 위치에 있는 것처럼 보일 뿐이다.

그들은 자제심을 가지고 자신의 결점을 없애나감으로써 대다수의 사람을 이끌고 있다. 그 과정에서 이성에 호소하기보다는 타인의 감각과 감정 등 약한 부분을 교묘하게 자극하여 자기 뜻을 따르게 한다. 그래서 거의 실패하지 않는다.

하지만 한 발 떨어져 바라보면 완벽해 보이는 인물에게도 단점이 있다는 사실을 알게 된다. 예를 들면 프랑스 추기경 리슐리외(Richelieu; 1585~1642)도 자신의 글 쓰는 능력을 높이 평가받고 싶어서 다른 사람의 글을 모방한 적이 있다. 뛰어난 인물인 브루투스(Brutus; 85~43 B.C. 로마의 정치가, 군인)도 마케도니아에서 도둑질과 비슷한 일을 하였다.

인간이란 무엇인지 너만의 관점으로 판단해보고 싶다면 라 로쉬푸코(La Rochefoucauld; 1613~1680. 프랑스의 모럴리스트) 공작의 격언집을 추천한다. 이 책은 인간에 대해 많은 것을 알려준다. 이 책을 읽고 마음에 새긴다면 인간을 과대평가하는 일이 사라질 것이다. 그렇다고 부당하게 인간을 과소평가하는 것은 아니다. 이는 이 책을 열심히 읽어본 내가 보증할 수 있다.

청년답게 쾌활하고
밝게 행동해라

　　　　　　　네 또래 청년들은 항상 활기가 넘친다. 그래서 미리 선로를 깔아주지 않으면 어떤 방향으로 갈지 종잡을 수 없으며, 달려가다 넘어져 목뼈가 부러질 수도 있다. 그렇지만 젊은이의 무모함이 항상 비난만 받는 것은 아니다. 거기에 경계심과 신중함이 더해지면 사람들에게 환영받을 수도 있다. 따라서 청년답게 밝고 쾌활한 마음을 가지고 당당하게 행동하되, 젊은이 특유의 들뜬 마음은 자제하여야 한다. 젊은이의 변덕스러운 행동은 고의가 아니더라도 상대방을 화나게 할 수 있지만 발랄하고 기운 넘치는 모습은 상대방의 마음을 사로잡을 수 있다.

　물론 가능하다면 만나야 하는 사람이 처해 있는 상황이나 그의 성격을 미리 알아두는 것이 좋다. 그러면 이것저것 짐작하면서 아무 말이나 하지 않아도 되기 때문에, 더 수월하게 교제할 수 있다.

　앞으로 너는 착한 사람들도 만나겠지만, 마음씨가 나쁜 사람들도 많이 만날 수 있을 것이다. 타인을 비판하는 것을 좋아하는 사람도, 비판받아 마땅한 사람도 있다. 그런 사람들을 만날 경우 대부분의 사람이 가지고 있는 장점을 칭찬해 주거나, 단점을 옹호해 주어라. 그러면 네 말이 일반론이라 할지라도 자신에 대한 말이라고 생각하여 기뻐할 것이다.

실패와 좌절은
최고의 스승이다

사람은 자기보다 뛰어난 사람들이 모인 곳에 있으면 다른 사람들이 계속해서 자신을 주목하고 있다고 착각하게 된다. 그리고 다른 사람들이 웃고 있으면 자기를 비웃는 것이라고 오해하고, 다른 사람들이 작은 목소리로 소곤대거나 귀엣말을 하면 자기에 대해 말하고 있는 것이라고 착각한다. 그리고 누군가 의미가 모호한 말을 하면 분명히 자신에 대해 한 말이라 여겨 불쾌해한다.

스크라브가 쓴 《계략(Stratagem)》에서 적확히 표현한 것처럼, '저렇게 큰 소리로 웃는 것을 보면 분명히 나를 비웃고 있는 것이다.'라고 착각하게 된다.

앞서 언급했지만, 그런 과정을 통해 점점 성장하는 것이다. 뛰어난 사람들 사이에서 엄청난 좌절감을 느끼고 계속해서 실패하면서 세련된 태도를 몸에 익힐 수 있다. 친밀한 지인들 몇 명에게 "저는 경험이 부족해서 종종 잘못된 행동을 하거나 실수를 저지를 수도 있습니다. 제가 그런 행동을 할 때는 이를 거리낌 없이 지적해 주시면 좋겠습니다."라고 청하는 것이 좋다. 그 후 지적을 받으면 이를 우정의 표시로 받아들여 "감사합니다."라고 말해라.

이처럼 속마음을 터놓고 말하여 상대방에게 도움을 구하고, 잘못된 행동을 지적해준 지인에게 감사를 표하면, 상대는 뿌듯한 마음이 들어 다른 사람들에게 그 이야기를 할 것이기에 또 다른 도움을 받을 수도 있다. 그러면 많은 사람이 너에게 친근감을 느껴 부적절한 말과 행동, 무례에 대하여 충고해줄 것이다. 그리고 너는 행동의 적정선을 알게 되어 몸도 마음도 자유로워지고, 함께 대화를 나누는 상대가 누구냐에 따라 그에 맞추어 카멜레온처럼 변화하며 행동할 수 있을 것이다.

적당한 허영심을 통하여 능력을 끌어내라

자신을 믿어라! 자신의 능력에 대한 신념을 가져라!

자신의 능력에 대해 겸손한 합리적인 자신감이 없다면 성공하거나 행복

해질 수 없다.

_노만 빈센트 필

사람은 누구나 타인에게 찬사를 받고 싶어 한다. 이는 허영심의 하나라고 말할 수 있는데, 어떤 시대든 허영심이 없는 인간은 없다. 그러나 허영심이 과해지면 우둔한 말과 행동을 할 수 있고, 심지어 범죄까지 저지를 수 있다. 하지만 일반적으로 타인에게 칭찬받고 싶어 하는 마음은 향상심을 불러일으키는 것 같다.

물론 그러려면 사려 깊고 향상심이 있어야 하지만, 결과적으로 허영심은 길러도 괜찮은 마음이다.

타인의 찬사나 인정을 받고 싶은 마음이 아예 없다면, 사람은 모든 일에 무관심해지고 아무것도 하기 싫어질 것이다. 그래서 실제로 아무 일도 안 하게 된다. 그런 사람은 내면에 담겨있는 진정한 힘을 발휘할 수 없게 되어, 실제보다 낮은 실력을 갖춘 사람으로 보이는 데 만족하여야 한다. 하지만 허영심이 강한 사람은 자기 실력보다 좋은 성과를 내려고 온 힘을 다해 노력한다.

사실은 나도 허영심이 많다. 하지만 나는 이게 나쁘다고 생각한 적은 없다. 오히려 좋은 섯이라고 생각한다. 예를 들어 사람들이 나의 어떤 특성에 찬사를 보내는 것은 나의 허영심 덕분이라고 생각한다.

최고가 되겠다는
허영심이 능력을 발휘하게 한다

내가 처음 사회생활을 시작했을 당시, 출세욕이 정말 대단했다. 마음속에 무슨 일이 있더라도 사람들에게 찬사와 인정을 받겠다는 욕망이 있었다. 그 때문에 비록 어리석은 행동을 한 적도 있지만, 이런 욕망으로 인하여 우둔한 행동 이상으로 현명한 행동도 했다고 생각한다. 예를 들어 남성들만 있는 모임에 참석하였을 때, 나는 그 모임에서 가장 빛나는 사람과 맞먹을 정도로 훌륭해지겠다고 마음먹었다.

그런 마음이 내 잠재력을 발휘하게 하였고, 덕분에 최고는 아니더라도 둘째, 셋째로 뛰어난 사람은 될 수 있었다. 그래서 모든 사람이 나에게 주목하게 되었고, 나는 모임에서 중심적인 인물이 되었다. 중심적인 인물이 되면 그가 하는 모든 일이 옳다고 여겨지게 된다. 내 경우도 그랬다. 내 말과 행동이 유행하여 모두가 내 말과 행동을 따르는 것은 매우 즐거웠다. 남녀 불문하고 나를 모임에 반드시 초대하였고, 나는 모임의 분위기를 좌우하게 되었다. 그러다가 내가 유서 깊은 가문의 여인들과 관계가 있다는 뜬소문이 돌기도 하였다. 사실, 그 뜬소문이 사실이 된 경우도 몇 번 있었다.

남성들과 대화할 때는, 나는 프로테우스(Proteus; 자신의 모습을 자유자재로 바꿀 수 있는 변신술의 신)처럼 변했다. 쾌활하고 밝은 사람들을 만나면, 누구보다 쾌활하고 밝게 행동하였고, 위엄 있는 사람들을 만나면 누구보다 위엄 있게 처신하였다. 나는 사람들이 친구로서 나에게 도움을 주거나 조금이라도 호의를 베푼 경우 절대로 그것을 그냥 지나치지 않았다. 작은 일에도 하나하나 신경을 쓰고 감사를 표했다. 나의 이런 태도에 상대방은 뿌듯해하였고, 그 사람과 더욱 친밀해지는 계기가 되었다. 이런 방법으로 나는 그 지역의 저명인사를 포함하여 다양한 계층의 다양한 사람들과 지인이 될 수 있었다. 어떤 철학자는 허영심이 '인간이 가진 야비한 마음'이라고 말했다. 하지만 내 생각은 그와 다르다. 나는 허영심이 있었기 때문에 현재 나의 인격을 형성할 수 있었다고 생각한다. 그리고 너에게도 젊은 시절의 나만큼 허영심이 있었으면 좋겠다. 허영심만큼 한 사람을 발전시키는 마음은 없으니까 말이다.

감사하는
마음을 가져라

당신이 지금 당장 당신의 삶을 바꾸는 가장 좋은 방법은

당신이 지금 가지고 있는 것들에 대해서 감사하는 마음을 가지는 것이다.

_오프라 윈프리

          얼마 전 로마에서 갓 귀국한 분이 너만큼 로마에서 환대받은 외국인은 없을 거라고 말씀해주셔서 나는 정말 기뻤다. 나는 네가 분명히 파리 사람들에게도 환영받을 것이라고 믿는다. 파리 사람들은 외지인, 특히 따뜻한 마음을 가진 예의 바른 사람에게 친절하게 대한다. 그렇지만 그들의 호의에 취해서 응석만 부리는 태도를 보여서는 안 된다. 파리 사람들도 네가 프랑스를 좋아하고, 자신들의 관습과 태도를 좋아한다고 느낀다면 뿌듯해할 것이다. 네가 가진 호의를 직접 말하라는 뜻은 아니다. 말하는 것도 나쁘지는 않지만, 네 마음은 태도만으로도 전달할 수 있다. 파리에서 환영받는다면 좋은 태도로 답례하는 것이 어떨까? 내가 만일 아프리카에 방문하여 호의가 담긴 환대를 받는다면, 상대에게 반드시 그 정도의 감사 표시는 할 것이다.

쾌활함과 끈기야말로
진정한 젊음의 밑천이다

파리에서 네가 지낼 곳은 이미 준비해두었다. 파리에 도착하면 기숙사에 즉시 입주할 수 있도록 해두었는데, 너는 이에 대해 감사한 마음을 가져야 한다. 최소 반년 동안 기숙사에서 지낼 수 있다는 것이 어떤 의미가 있는지 잘 생각해 보아라. 우선 호텔에서 지내면 날씨가 아무리 나쁜 날에도 호텔에서 학교까지 가야 한다. 그만큼 시간을 허비하게 될 텐데, 진짜 중요한 것은 그런 것이 아니다.

기숙사에서 지내는 동안 파리의 상류층 청년 대다수와 사귈 기회가 생길 것이다. 그러면 곧 따뜻한 환대를 받으며 파리 사교계의 일원으로 받아들여질 수 있을 것이다. 내가 아는 영국 사람 중 이런 좋은 기회를 얻은 사람은 없다. 그리고 네 유학에 드는 비용도 내게 부담될 정도로 크지는 않다. 따라서 너는 비용에 대한 걱정은 전혀 할 필요가 없다. 네 프랑스어는 완벽에 가까울 정도로 유창하므로, 너는 곧 프랑스 사회에 적응하여 지금까지 파리에서 생활한 영국인 중 누구보다도 유익한 시간을 보낼 수 있을 것이다. 네가 그렇게 지내기만 한다면 나로서는 더 바랄 것이 없다. 유감스럽게도 프랑스로 유학 간 영국 젊은이 대부분이 프랑스어를 제대로 구사하지 못한다고 한다.

프랑스어 실력만 부족한 것이라면 괜찮지만, 그들은 교제 방법도 잘 몰라서 자기표현을 못하고, 프랑스 사회를 이해하지도 못하여 겁쟁이가 되어버린다. 겁쟁이가 되는 것은 좋지 않다. 자신감 없는 겁쟁이는 상대방이 여성이든 남성이든 자신보다 수준 낮은 사람과 교제하게 된다.

무슨 일이든 스스로 할 수 있다고 믿으면 할 수 있다. 한번 해보겠다고 마음먹고, 이를 이루기 위해 노력하며, '나는 할 수 있다'라고 스스로 타이르다 보면 어떤 일이든 할 수 있다. 특별히 탁월하거나 교양이 높은 것도 아닌데, 끈기 있고 적극적이며 쾌활하다는 이유만으로 성공한 사람들을 너도 본 적이 있을 것이다. 그들은 남성이나 여성에게 교제를 거절당하는 일이 거의 없다. 힘든 일을 맞닥뜨려도 좌절하지 않으며, 계속해서 넘어져도 오뚝이처럼 다시 벌떡 일어나 다시 목표를 향하여 돌진한다. 그리고 결국 십중팔구 처음에 세웠던 목표를 이루어낸다. 이런 사람들은 정말 훌륭하다. 너도 이런 끈기 있고 적극적인 태도를 본받았으면 좋겠다. 너는 기본적인 인성과 교양을 갖추고 있기 때문에, 이런 끈기와 적극성을 가지고 노력한다면 목표를 빨리, 확실히 이룰 수 있을 것이다.

포기하지 않고
문을 두드리면 결국 길이 열린다

사회에서 성공하는 첫 번째 조건은 재능을 갖추는 것이다. 재능과 더불어 자신의 가치관을 확립하고, 이를 타인에게 불필요하게 내보이지 않는 자제심에 불굴의 의지와 확고한 끈기까지 갖추면 두려울 것이 없다. 일부러 할 수 없는 일에 도전하라는 말은 아니지만, 할 수 있는 일에 여러 수단과 방법을 써서 도전하면 어떤 방식으로든 이룰 수 있다. 한 가지 방법을 써서 실패했다면, 다른 방법을 시도하며, 일에 따라 적절한 방식을 찾아내야 한다.

역사상 강력한 의지와 노력으로 자신이 이루고자 한 목표를 달성해낸 훌륭한 인물들은 매우 많다. 예를 들어 재상 돈 루이 드 알로는 마자랭(Mazarin; 1602~1661. 프랑스의 추기경이자 정치가)과 여러 차례 협상하여, 유리한 조항을 담아 피레네 조약을 체결하는 데 성공했다. 그는 끈질김과 냉정함을 타고났기 때문에, 중요한 몇 가지 사항에 대해서는 절대 양보하지 않고 합의에 도달했다.

마자랭은 이탈리아인처럼 성급하고 쾌활한 사람이었다. 반면에 돈 루이는 스페인 사람 특유의 인내심, 침착함, 냉정함을 갖춘 사람이었다. 마자랭은 교섭 테이블에서 어떻게 하면 파리에 있는 숙적인 콩데공이 다시 반란을 일으키지 못하도록 할 수 있을지 고심하였다. 자신이 파리에 없으면 무슨 일이 일어날지 몰랐기 때문에 신속히 교섭을 끝내고 파리로 돌아가고 싶어 하였다.

돈 루이는 이를 눈치채고 교섭할 때마다 콩데공 이야기를 하였다. 마자랭은 이 때문에 너무 화가 나서 교섭 테이블에 앉는 것을 거부한 적도 있었다. 결국, 처음부터 끝까지 냉정한 태도로 교섭한 돈 루이는 프랑스 왕조와 마자랭의 이익과 뜻에 반하여 조약을 체결할 수 있었다.

중요한 것은 어떤 일이 가능하고 불가능한지를 판단하는 능력이

다. 비록 어렵더라도 그 일이 할 수 있는 일이라면, 끈기와 정신력
으로 이루어낼 수 있다.

PART 7

신뢰받는 인간관계의 비법

상대방이 믿을 수 있는
사람이 되어라

타인과 교제하는 동안 그들에게 상응한 태도로써 대한다면

그들을 보다 나쁘게 만들 수 있다.

그러나 상대방을 실제보다 더욱 뛰어난 사람인 양 대해 준다면

타인을 보다 나은 인간이 되도록 인도해 주는 것이 된다.

_체스터 필드

　　　　　앞서 어떤 사람들과 친하게 지내야 하는지 말
했으니, 이번에는 그들과 교제할 때 어떻게 행동해야 하는지를 이
야기하겠다. 내가 오랜 세월 동안 쌓은 경험을 토대로 하는 말이니
너에게 도움이 되리라 생각한다.

　일단 말해주고 싶은 것은 상대방을 기쁘게 해주려는 마음이 없

으면 아무리 뛰어난 사람과 친해진다 하더라도 전혀 소용이 없다는 것이다. 언젠가 너는 스위스에서 여행할 때 환대받아서 정말 기뻤다는 편지를 나에게 보냈던 적이 있다. 나는 그때 너에게 친절을 베푸신 분들에게 감사한 마음을 담아 서신을 보냈고, 너에게도 편지를 썼다. 네가 지금도 그 편지 내용을 기억하는지 궁금하구나. '다른 사람이 너에게 친절을 베풀어서 기뻤다면, 너도 타인에게 똑같이 행동하여라. 네가 친절을 베풀고 마음을 써주면 상대방도 분명히 기뻐할 것이다'라는 내용의 편지였다.

이것이 타인과 교제할 때 기억해야 할 가장 중요한 원칙이다. 인간이라면 존경하는 사람이나 사랑하는 사람을 걱정하고, 그를 행복하게 만들고 싶다는 마음을 가지고 있다. 이런 마음이 없는 사람은 다른 사람을 기쁘게 할 수 없다. 교제에서 가장 중요한 것은 상대방을 생각하는 마음이며, 그 마음을 통해 어떻게 대하면 좋을지 자연스럽게 알게 된다. 누구나 타인을 기쁘게 해주고픈 마음을 가지고 있다.

하지만 실제로 교제할 때 어떻게 하면 상대를 기쁘게 할 수 있을지 아는 사람은 매우 드물다. 네가 이것을 꼭 기억했으면 좋겠다. 물론 사람을 기쁘게 해주는 특별한 공식이 있는 것은 아니지만, 한 가지 확실한 원칙은 있다. 다른 사람이 너에게 해주었으면 좋겠다는 일을 네가 해주어야 한다는 것이다. 타인이 너에게 어떤 일을 해줄 때 가장 행복했는지 생각하고, 너도 다른 사람에게 같은 일을 해주면 그는 분명히 기뻐할 것이다.

대화를 독점하지 마라

말을 잘하는 것은 좋지만 대화를 독점하는 것은 지양해라. 만약 너 혼자 오랫동안 말해야 할 일이 생긴다면, 청중이 네 말을 따분해하지 않고 즐거운 마음으로 들을 수 있게 해주어야 한다. 하지만 이런 일도 가능하면 최소한으로 하는 것이 좋다. 원래 대화란 독점하는 것이 아니므로, 다른 사람도 말할 수 있도록 배려하지 않고 혼자만 계속 말해서는 안 된다.

특히 대화 참여자들 모두 자기 몫의 말을 할 능력이 있다면, 너는 네 몫의 말만 해야 한다. 혼자만 계속해서 말하는 사람은 대부분 우연히 옆자리에 앉은 사람이나 그 모임에서 가장 조용한 사람을 붙잡고 작은 목소리로 끊임없이 말한다. 이는 너무나도 예의 없는 행동이며, 공명정대하지 못한 태도이다. 대화는 함께 만들어나가는 공공의 것이다.

하지만 반대로 네가 그런 예의 없고 수다스러운 사람에게 붙잡혔는데, 그 사람의 지위 때문에 참아야 하는 경우라면 겉으로라도 그 사람의 말에 집중하는 척하면서 인내심을 발휘해야 한다. 그 사람의 말을 듣는 것을 딱 잘라 거절해선 안 된다. 상대는 내가 자신의 이야기를 경청해주는 것을 기쁘게 여길 것이다. 대화하는 중에 등을 돌리거나, 지루해서 참기 힘들다는 표정을 지으면 상대방은 큰 굴욕감을 느낄 것이다.

상대방에 따라
적절한 화제를 골라라

대화 소재는 가능하면 유익하면서도 그 자리에 모인 사람들이 좋아하는 것을 선택하는 것이 좋다. 대부분의 경우 옷이나 날씨 이야기, 떠도는 소문보다는 문학, 역사, 외국의 사정에 대한 이야기가 유익하면서도 흥미로울 것이다. 가끔은 재치있고 가벼운 이야기가 필요할 때도 있다. 이런 이야기는 그 내용 자체는 쓸데없지만, 여러 부류의 인사들이 함께하는 경우 공통의 화제로 적합하다.

특히 서로 교섭을 하는 자리에서 분위기가 험악해질 것 같은 경우, 가벼운 이야기를 통해 무거운 분위기를 환기할 수 있다. 이럴 때 슬쩍 재치 있는 이야기를 하는 것은 전혀 수치스러운 일이 아니다. 심각한 상황에서 화제를 자연스럽게 술의 향이나 제조법, 음식으로 바꾸는 것은 세련된 대화법이다. 상대방이 어떤 사람인지에 따라 화제를 선택하라는 말을 새삼스럽게 네게 다시 할 필요는 없을 것이다. 나는 네가 가르쳐 주지 않았다고 해서 항상 같은 태도로 같은 화제를 꺼낼 만큼의 바보라고는 생각하지 않는다. 철학자와 대화할 때와 정치가와 대화할 때 적합한 화제는 다르다. 이는 여성과 대화할 때도 마찬가지이다.

이처럼 상대방이 누구인지에 따라 팔색조처럼 변신하여 적절한 화제를 선택해서 이야기를 나누도록 하여라. 이런 태도는 비열하거나 영악한 것이 아니며, 사람들과 교제하는 데 꼭 필요한 윤활유와 같은 것이다. 네가 앞장서서 모임의 분위기를 만들어나갈 필요는 없으며, 만들어진 분위기에 맞추는 것이 좋다. 그것에 따라 쾌활한 모습을 보이기도 하고 진지한 모습을 보이기도 하여라. 필요하다면 농담을 하는 것도 좋다.

스스로 뽐내지 않아도 어떤 사람의 장점은 대화를 통해 자연스럽게 드러나기 마련이다. 만일 자신 있게 말할 만한 화제가 없다면, 스스로 화제를 택하지 말고 어리석은 말이라도 남의 말에 맞장구치는 편이 낫다.

가능하면 의견이 첨예하게 대립할 가능성이 높은 화제는 피해라. 그런 화제를 택하면 의견 차이 때문에 분위기가 험악해질 수도 있다. 의견 차이로 인하여 논쟁이 심각해질 것 같은 상황에서는 재치 있게 화제를 다른 것으로 바꾸거나 대충 얼버무려라.

너무 자기 말만 하지 마라

무슨 일이 있어도 피해야 하는 것은 자기 자신의 이야기를 하는 것이다. 그런 이야기는 되도록 하지 마라. 아무리 탁월한 사람이라도 스스로에 대해 이야기할 때는 잘 숨겨왔던 자만심과 허영심을 드러내는 경우가 많다. 그러면 함께 대화를 나누는 다른 사람들이 불쾌함을 느끼게 된다.

자기 자신에 대한 이야기에도 종류가 있다. 대화의 흐름과 전혀 관계없이 갑작스레 자기 이야기를 하기 시작하여 자기 자랑으로 끝내는 사람들이 있다. 이는 너무나도 예의 없는 행동이다. 교묘한 방식으로 자신의 이야기를 화제에 올리는 사람들도 있다. 예를 들어 자신이 아무 이유 없이 비난당하는 것처럼 억울해하며 자신의 장점을 나열하면서 자기를 정당화하고 결국은 자기 자랑을 하는 것이다.

그들은 다음과 같이 말한다.

"이런 말 하는 것 자체가 우습다고 생각해서 나도 말하고 싶지 않습니다. 웬만하면 말하지 않았을 겁니다. 내가 저지르지도 않은 일 때문에 이렇게 심한 비난을 받지 않았다면 나도 이런 말을 하지 않았을 것입니다."

누구나 정의감이 있다. 그래서 억울하게 비난을 받은 경우 평소 잘 하지 않던 말이라도 해서 혐의를 벗어야 한다는 말도 일리 있다. 하지만 이는 너무나도 가벼운 생각이다. 자신의 허영심을 채우기 위하여 염치없이 선을 넘어버리는 행동은 신중하지 못한 것이다. 사람들은 그런 행동을 하는 이들의 속셈을 뻔히 안다.

자기를 비하하는 방법으로 음험하게 자기 이야기를 꺼내는 사람들도 있다. 이런 방식은 앞에서 말한 방식보다도 어리석다. 이런 사람들은 우선 자신이 나약한 사람이라고 고백한 후 자신의 불행에 대해 탄식하고, 그리스도교의 칠덕에 맹세를 한다.

이런 사람들은 이렇게 불행을 한탄하여도 지인들이 자신을 동정하지도 않고, 힘을 보태주려고 하지도 않으며, 당황하고 난처해한다는 것을 모른다. 스스로 말하는 것처럼 그들은 나약한 인간인 것이다. 따라서 딱히 이들을 도와줄 방법도 없다. 주변 사람들은 당혹스러울 수밖에 없다.

그들은 다른 사람들의 입장까지 생각하지 못하고, 스스로 어리석은 행동이라는 걸 알면서도 계속 신세 한탄을 한다. 그들 역시 자신과 같이 결점이 많은 사람은 사회에서 원만하게 살아가기 힘들고, 성공하기는 더욱더 힘들다는 것을 잘 안다. 그렇다고 나쁜 습관을 쉽게 개선하지도 못한다. 그래서 최후의 저항을 하면서 발버둥 치는 것이다. 너는 그런 일이 있다는 사실 자체에 놀랄지도 모르지만, 이것은 모두 사실이다. 너도 사회생활을 하다 보면 이런 사람을 만나는 일이 많이 생길 것이므로 이들을 잘 관찰하는 것이 좋다.

자기 자랑을 통해
좋은 평을 받는 사람은 없다

이처럼 자존심이나 허영심을 겉으로 드러내지 않는 사람은 그나마 낫다. 심한 경우 아주 사소한 것까지 증거로 내세워 대놓고 자기 자랑을 하는 사람들도 있다.

너도 칭찬을 받고 싶다는 생각만으로 자기 자랑을 하는 사람을 만난 적이 있을 것이다. 그들의 이야기가 진실이라고 하여도 그것 때문에 칭찬받는 일은 거의 없다.

예를 들어 자신과 별 관계가 없는 일을 자랑하는 사람들이 있다. "제 조부는 아무개이고, 백부는 아무개입니다. 저는 누구누구와 친합니다……."라는 말을 끊임없이 하는 사람들이 있다. 아마도 제대로 만나본 적도 없는 사람들과의 인맥을 자랑하는 것 같다. 뭐, 그런 식의 인맥을 자랑해도 좋다고 쳐보자.

그런 인맥을 가진 게 사실이라고 해도, 그래서 어쩌라는 말인지 모르겠다. 어떤 사람의 인맥이 좋다고 해서 그 사람이 뛰어난 사람일까? 아니다. 가끔 혼자서 술을 5~6병 마셨다고 자랑하는 사람도 있다. 그것은 거짓말이며, 거짓말이 아니라면 그 사람은 괴물이다.

이렇게 끊임없이 예를 들 수 있을 정도로, 허영심 때문에 아둔하거나 과장된 말을 하는 사람들이 있다. 이런 사람들은 칭찬을 받겠다는 목적을 전혀 이루지 못하고 도리어 자신의 평판만 낮춘다.

인간의 본질과 전혀 상관없는 것들을 가지고 자기 자랑을 하는 것은 스스로 내실 없는 사람이라는 것을 드러내는 것이다.

침묵하고 있어도 장점은 드러난다

내가 말한 어리석은 사람들처럼 행동하지 않는 유일한 방법은 자기 이야기를 삼가는 것이다. 경력을 말해야 하는 상황 등 어쩔 수 없이 자기 이야기를 해야 할 경우에도 자랑이라고 오해받을 수 있는 말은 직접적으로든 간접적으로든 하지 말아야 한다.

선한 사람이든 악한 사람이든 인격이라는 것은 언젠가 알려지게 되어 있다. 일부러 스스로 말할 필요는 없다. 하물며 자기 입으로 그런 말을 하면 아무도 믿지 않을 것이다.

자기의 단점을 스스로 말하면 이를 숨길 수 있다거나, 장점을 더 두드러지게 할 수 있다는 생각은 잘못된 것이다. 그러면 오히려 그 단점이 더욱 눈에 띌 것이고, 장점은 희미해져 버릴 것이다.

사람들은 스스로에 대해 어떤 말도 하지 않는 사람에게 오히려 장점이 있을 거라고 생각한다. 최소한 점잖다고 생각한다. 그래서 비웃음을 사거나 불필요한 질투나 비난을 받는 일 없이 정당한 평가를 받게 된다.

아무리 교묘한 방식으로 말한다고 하더라도, 자신에 대해 스스로 떠벌린다면 지인들에게 반감을 사고, 예상치 못한 나쁜 결과 때문에 실망하게 될 것이다. 이런 일을 막으려면 자기 이야기를 안 하는 것이 가장 좋다.

흔들리지 말고
삶의 중심을 잡아라

그 사람의 입장에 서보지 않은 한 남의 일에 대해

이러쿵저러쿵 함부로 말하지 말라.

남은 되도록 많이 용서하되 자기 자신에 대해서는 아무것도 용서하지 말라.

_탈무드

       너무 성격이 어두워 보이거나 무슨 생각을 하는지 알 수 없는 사람들이 있는데, 이런 모습을 보이는 것은 바람직하지 못하다. 그 이유는 우선 인상이 나빠서 쓸데없이 오해받기 때문이다. 이런 사람에게는 사람들이 속마음을 말하지 않는다. 탁월한 사람은 신중한 성품을 가졌더라도 이를 겉으로 나타내지 않고, 누구와도 쉽게 조화되며 영리하면서도 싹싹한 사람인 것처럼 행동한다. 자신의 본심은 굳건히 지켜내지만, 겉으로는 개방적인 사람인 것처럼 행동하여 상대방이 방어적인 태도를 버리게 만든다. 자신을 굳게 지켜야 하는 이유는 무신경하게 아무 말이나 하고 다니면, 누군가가 그 말을 인용하여 자신의 마음대로 이용할 수 있기 때문이다. 따라서 싹싹함과 신중함은 둘 다 중요하다.

귀로만 듣지 말고 눈으로도 들어라

말을 할 때는 항상 상대방의 눈을 보아야 한다. 그러지 않으면 양심에 찔리는 일이 있는 것은 아닌지 괜한 의심을 살 수 있다. 더구나 말하고 있는 상대방의 눈을 쳐다보지 않는 것만큼 예의 없고 용인하기 힘든 일은 없다. 상대방이 말하는 도중 창문 밖이나 천장을 바라보는 행동은 지금 말하고 있는 사람보다 다른 일이 더 중요하다고 하는 것이나 다름없다.

그런 행동을 하면 조금이라도 자존심이 있는 사람이라면 틀림없이 화를 내거나 증오심에 얼굴을 찌푸릴 것이다. 이미 여러 번 말했지만, 이런 상황에서 자존심에 상처 입지 않는 사람은 없다. 상대방과 눈을 마주치지 않는 것은 너의 인상을 나쁘게 하는 행동이며, 네 말을 상대방이 어떻게 받아들이는지 관찰할 기회를 포기하는 것이다. 나는 상대방의 마음을 파악하고 싶다면 귀보다는 눈을 더 많이 이용해야 한다고 생각한다. 진심이 아닌 내용을 말로 표현하기는 쉽지만, 진심이 아닌데 진심인 것처럼 눈으로 연기하는 것은 매우 힘들기 때문이다.

또한, 괜한 풍문에 신경 쓰지 말라고 얘기해 주고 싶다. 타인의 추문에 귀 기울이거나, 그 추문을 퍼뜨려서는 안 된다. 그런 행동을 할 때 당장은 즐거울 수 있다. 하지만 이성적으로 생각해보면 그런 행동에 아무런 이득이 없다는 사실을 금세 깨달을 것이다. 다른 사람의 추문을 퍼뜨리며 비난하는 사람은, 결국 그 행동 때문에 비난받게 된다.

웃을 때도 품격 있게 웃어라

너무 큰 소리로 웃는 것도 삼가라. 시시한 것에서 즐거움을 찾는 어리석은 사람만 지나치게 큰 소리로 웃는다. 정말로 분별 있고 재치 있는 사람은 다른 사람들이 바보처럼 웃도록 유도하지 않고, 자신도 바보처럼 웃지 않는다. 웃을 때도 소리를 내지 않고 미소만 짓는다. 너도 너무 큰 소리로 웃는 천박한 행동은 하지 말았으면 좋겠다. 어떤 일이 생길 때마다 껄껄거리며 웃는 것은 멍청한 행동이다.

예를 들어 누군가 의자에 앉으려고 하는데 의자가 없어서 엉덩방아를 찧은 상황이라고 해보자. 그래서 모두가 큰 소리로 웃는다. 이는 정말 천박한 웃음이다. 그런데도 이런 상황이 즐겁다고 하는 사람들이 있다. 이는 너무나도 소견이 좁고 저속한 자들의 즐거움이다. 그런 사람들에게 못되고 천박한 장난이나 시시한 사건들을 보고 폭소하는 것 말고, 마음이 넉넉해지고 표정이 저절로 밝아지는 즐거움은 모르냐고 묻고 싶다. 더욱이 이럴 때 큰 소리로 웃는 것은 보기도 싫고 귀에 거슬린다.

어리석어 보이는 웃음은 참으려고 조금만 노력하면 참을 수 있다. 사람들이 이런 웃음을 참지 않는 이유는 웃음은 무조건 좋은 것, 쾌활한 것, 즐거운 것이라는 고정 관념을 가지고 있기 때문이다. 이 때문에 실없이 웃는 것이 어리석은 짓이라는 걸 인식하지 못하는 것이다.

사소한 버릇 때문에 나쁜 평가를 받지 마라

말을 하는 도중 무턱대고 웃는 습관을 지닌 사람들이 있는데, 내 지인인 와라 씨도 그런 사람이다. 그는 훌륭한 인품을 가졌지만 웃지 않으면 말을 잘 하지 못한다. 와라 씨에 대해 잘 모르는 사람들은 이런 버릇 때문에 처음에는 그가 이상한 사람이라고 생각하는데, 이런 평가를 받아도 어쩔 수 없다.

이것 외에도 사람의 인상을 나쁘게 만드는 습관들이 많다. 맨 처음 사회에 진출한 사람은 어떻게 처신해야 할지 잘 몰라서 여러 동작을 해보기도 하고, 다양한 표정을 지어보기도 한다. 그것이 자기도 모르는 사이에 습관이 되는 경우가 있다. 그래서 머리를 긁거나 모자를 만지거나 코에 손을 대거나 하는 것이다.

보고 있으면 무엇인가 어색해 보이고 침착하지 못한 사람은 어딘가에 그런 버릇이 남아 있게 마련이다. 그런 사람은 많다. 하지만 그렇다고 해서 그래도 좋다는 것은 아니다. 나쁜 행동이 아니더라도 보기 좋지 않은 행동은 될 수 있는 대로 하지 않는 편이 바람직하다.

집단 내에서의 인간관계 비법

남이 당신에게 관심을 갖게 하고 싶거든, 당신 자신이 귀와 눈을 닫지 말고

다른 사람에게 관심을 표시하라. 이 점을 이해하지 않으면,

아무리 재간이 있고 능력이 있더라도 남과 사이좋게 지내기는 불가능하다.

_로랜스 굴드

기지나 유머, 농담은 집단에 따라 통용되지 않는 경우가 있다. 그런 것들은 특정 집단 내에서 생겨났기 때문에, 다른 집단에서 써먹으려고 하여도 불가능한 경우가 많다. 어떠한 집단이든 그 집단 특유의 배경이 있을 것이다. 거기에서 특유의 말씨나 표현방식이 생겨나고, 나아가서는 독특한 유머나 농담이 생겨나는 것이다. 배경이 전혀 다른 집단에 이를 그대로 가져가면,

무미건조하고 당연히 재미도 없을 것이다.

재미없는 농담만큼 비참한 것은 없다. 그 자리는 흥이 다 깨져버리고 심한 경우 그 농담의 어떤 점이 재밌는지 설명해달라는 말까지 듣는다. 이때 얼마나 비참한 기분이 드는지는 여기 자세히 기록할 필요도 없을 것이다. 농담뿐 아니라 어떤 집단에서 들은 말은 다른 집단에서 함부로 말하지 말아야 한다. 너는 말을 옮기는 것이 대수롭지 않은 일이라고 생각할지도 모르지만, 네가 옮긴 말이 돌고 돌아 수습할 수 없는 사태가 생길지도 모른다.

무엇보다도 말을 옮기는 것은 예의 없는 행동이다. 그러면 안 된다는 규약이 있는 것은 아니지만, 어떤 모임에서 들은 말을 다른 곳에서 함부로 내뱉지 말아야 한다는 것은 무언의 약속이다. 이를 어기면 어느 곳에서든 비난받고 나쁜 평가를 받는다.

네 의견을 쉽게 바꾸지 마라

어느 집단에 가든지 이른바 호인이 있다. 그들은 단지 호인이라는 이유만으로 그 집단에 들어온 것이다. 그들을 잘 살펴보면 매력적이지도 않고, 쓸모도 없으며, 자신의 의견도 의지도 없는 경우가 많다. 그들은 동료들의 말이나 행동에 아주 쉽게 동의하고, 칭찬하며, 뭐든지 양보한다. 과반수가 동의했다는 이유만으로 잘못된 일도 쉽게 동의해 버린다. 이런 바보 같은 일을 하는 이유는 그들에게 달리 장점이 없기 때문이다.

나는 네가 호인이라서가 아니라 보다 정당한 이유로 인해 집단의 일원으로 받아들여졌으면 좋겠다. 그러려면 너만의 의지와 생각을 가져야 하고, 이를 쉽게 바꾸면 안 된다. 그러나 이를 표현할 때에는 유머 있고 예의 바르며 품위 있는 태도를 갖추어야 한다. 너는 아직 높은 위치에서 말하거나, 비난하듯 말해도 되는 나이가 아니다. 호인의 아부가 아니라면, 타인에게 붙임성 있게 행동하는 것은 비난받을 일이 아니다. 붙임성은 오히려 타인과 교제하기 위해 반드시 필요한 것이다.

타인과 교제하려면 눈에 거슬리는 말과 행동도 너그럽게 넘어가 주고, 작은 단점은 모른 척해주어야 한다. 적절한 범위 내에서 적극적으로 공치사를 해도 괜찮다. 공치사하는 것이 친절로 받아들여지는 경우도 있다. 공치사를 들은 사람이 기뻐하며 칭찬을 받았으니 더욱 자신을 향상시켜야겠다고 결심하는 경우도 있다.

공치사할 줄 아는 것도 능력이다

어떠한 그룹이든 그 그룹 내에서 즐기는 취미와 교양, 그 집단 사람들의 말투나 복장을 좌우하는 사람이 있다. 여성일 경우 미모, 재치, 패션 등 모든 면이 뛰어난 사람일 것이다. 어느 모임에서 좌중을 열광시켰는가는 결정적 요소가 아니며, 좀 더 근본적 차원에서 집단 전체를 이끌 수 있는 사람인지 아닌지가 결정적 요소이다. 모든 사람이 자연스레 그 사람을 주목하게 된다. 그런 사람은 일종의 카리스마를 풍긴다. 그 사람을 거역하면 그룹에서 즉각 추방당한다. 아무리 좋은 재치, 예절, 취미, 복장을 갖춰도 당장 거부당한다. 따라서 그런 사람은 복잡하게 생각할 것 없이 따르는 것이 좋으며, 그에게 약간 아부해도 좋다. 그러면 저명한 사람으로부터 추천장을 받은 경우처럼, 그 집단뿐 아니라 가까운 이웃 영토에도 자유롭게 발을 들일 수 있는 통행증을 얻을 수 있다.

배려할 줄 아는 사람이 되어라

친절은 이 세상을 아름답게 만들며 모든 비난을 해결한다.

그리고 얽힌 것을 풀어 헤치고, 어려운 일을 수월하게 만들고,

암담한 것을 즐겁게 바꾼다.

_톨스토이

　　　　　　다른 사람을 화나게 하기보다 행복하게 하고
싶고, 욕을 얻어먹기보다 칭찬을 받고 싶으며, 미움보다 사랑을 받
고 싶다면, 언제나 상대방을 배려하여야 한다. 약간의 배려만으로
상대방의 호의를 살 수 있다. 예를 들어 사람에게는 각자의 호불
호, 취미, 버릇이 있을 것이다. 그런 것을 관찰한 다음 그가 좋아하
는 것을 제공하고, 싫어하는 것은 감추는 것이다.

　"그분과 별로 친밀하신 것 같지 않아, 오늘 그분은 초대하지 않
았습니다." 혹은 "당신이 좋아하시는 술을 준비하였습니다."라고

말하면 좋다. 이런 자연스러운 배려를 통해 상대방의 마음을 열 수 있고, 상대방은 네가 자신을 항상 염려해 주고 있다는 것을 알게 되어 감격할 것이다.

반면에 상대방이 싫어하는 것이 무엇인지 알면서도 주의를 기울이지 못하여 그것을 내놓는 행동을 한다면, 결과는 나쁠 수밖에 없다. 상대방은 나쁜 대접을 받거나 바보 취급을 당했다고 생각하여 너에게 악감정을 가지게 될 것이다. 사소한 배려도 좋다. 사소한 배려일수록 상대방은 너의 섬세함을 느끼며, 훌륭한 배려를 해주었을 때보다도 감동할 것이다.

너도 아주 사소한 배려를 받았을 때 얼마나 기쁜지 기억할 거라고 생각한다. 그런 배려로 인해 인간이라면 누구나 가진 허영심이 채워진다. 더욱이 그로 인해 그 사람을 좋게 생각하게 되고, 그 사람이 하는 모든 일을 호의적으로 받아들이게 된다. 인간이란 그런 존재이다.

상대방이 듣고 싶어 하는 칭찬을 해라

특정한 사람의 마음을 얻고 싶다면, 그 사람의 장단점을 발견한 후 그가 듣고 싶어 하는 칭찬을 콕 집어 해주는 방법도 있다. 모든 사람에게는 실제로 뛰어난 부분과 뛰어나다고 인정받고 싶어 하는 부분이 있다. 실제로 뛰어난 부분에 대한 칭찬을 듣는 것도 기쁘지만, 뛰어나다고 인정받고 싶은 부분에 대해 칭찬받는 것이 훨씬 더 기쁘다. 이보다 자존심을 크게 만족시켜주는 것은 없다.

예를 들어, 추기경 리슐리외의 일을 떠올려보기 바란다. 그는 정치가로서 역량이 매우 뛰어났지만, 정치가로서의 명성에 만족하지 못하였다. 그는 가장 우수한 시인으로 인정받고 싶다는 허영심이 있었기 때문에 코르네유(Corneille; 1606~1684. 프랑스의 비극 작가)의 명성을 질투하였다. 그래서 다른 사람에게 명령하여 르 시드(Le cid)의 비평을 쓰도록 하였다. 이를 본 아부에 능한 사람들은 시인으로서 리슐리외의 재능에 찬사를 보내는 한편, 그의 정치적 능력에 대해서는 거의 언급하지 않거나 말하더라도 지극히 형식적인 정도에 그쳤다. 그들은 그것이 리슐리외의 호의를 얻을 수 있는 최고의 방법이라는 것을 잘 알았던 것이다. 리슐리외는 자신의 정치적 능력에 대해서는 자신이 있었지만, 사실 시인으로서의 재능에 대해서는 자신이 없었기 때문이다.

누구라도 타인에게 칭찬받고 싶어 하는 부분이 있다. 이를 발견하려면 그 사람을 세세히 관찰하여야 한다. 그 사람이 자주 화제로 삼는 것이 무엇인지 잘 관찰해보아라. 사람들은 대부분 자신이 우수하다고 인정받고 싶은 것, 칭찬받고 싶은 것에 대하여 가장 자주 이야기한다. 이를 살피다 보면 상대방의 급소를 찾아 찌를 수 있다.

때로는 못 본 척 눈감아 주어라

혹시나 오해할까 봐 말하는데, 나는 비열하게 아첨하여 타인을 조종하라는 말을 하는 것이 아니다. 타인의 악행이나 단점까지 칭찬해줄 필요도 없고, 그런 점은 칭찬해서도 안 될 것이다. 악행과 단점을 미워해야 하고, 그런 점은 좋지 않다고 단호히 말해야 한다.

하지만 타인의 단점이나 천박한 허영심에 대해 눈감아주지 않으면, 세상을 살아가기 너무 힘들다는 사실을 네가 알아주었으면 좋겠다. 어떤 사람이 실제보다 아름답다거나 지혜롭다고 인정받고 싶다고 하여, 그것이 다른 사람에게 해가 되지는 않는다. 이는 천진난만한 생각이 아닐까? 그런 사람에게 당신의 생각이 잘못되었다고 말해보았자 부질없다. 그런 말을 하여 상대방을 불쾌하게 만들기보다, 차라리 약간의 공치사를 해주어 그들을 기쁘게 하고, 친구가 되는 것이 낫다.

상대방에게 실제로 장점이 있다면 너도 기분 좋게 칭찬할 수 있을 것이다. 하지만 네가 찬성하고 싶지 않은 일이라도, 사회에서 대부분의 사람이 찬성한다면, 너도 찬성하는 것이 나을 때가 있다.

너는 남을 칭찬하는 능력이 부족한 것 같은데, 이는 사람이 얼마나 자기 생각이나 취미에 대한 지지를 받고 싶어 하는지, 더 나아가 다른 사람에게 드러내고 싶어 하는지 네가 잘 모르기 때문일 것이다. 사람은 자신의 생각뿐 아니라 버릇과 복장 같은 시시한 것에 대해서도 비난받기 싫어하고, 칭찬받으면 즐거워한다. 흥미로운 일화를 소개하겠다.

악명 높은 찰스 2세가 통치하던 시대의 이야기다. 그 당시 대법관이었던 섀프츠베리(Shaftesbury; 1621~1683) 백작은 대신으로서는 물론 개인으로서도 왕의 마음을 사고 싶어 하였다.

섀프츠베리는 왕이 여자를 좋아한다는 사실을 알고 있어서 공감대를 만들기 위해 자신도 첩을 두었다(실제로 그 여자를 품은 일은 없었다). 왕은 그 소문을 듣게 되어, 정말 첩을 들였느냐고 물었다. 섀프츠베리는, "사실입니다. 그 여자 말고도 첩이 여러 명 있습니다. 변화는 항상 즐거우니까요."라고 말하였다.

며칠 후 알현식 때, 왕은 멀리 있는 섀프츠베리를 보고 주위에 있는 사람들에게 이런 말을 하였다.

"모두 믿을 수 없겠지만, 저기 서 있는 작고 마음 약한 남자가 이 나라 최고의 난봉꾼이다."

섀프츠베리가 가까이 다가가자 모두가 웃었다.

왕은 "지금 네 이야기를 하던 중이다."라고 말했다.

"예? 저에 대한 이야기 말입니까?"

"그렇다. 네가 이 나라 최고의 난봉꾼이라는 말을 하던 중이다. 어떠냐? 내 말이 맞느냐, 틀리느냐?"

섀프츠베리가 대답하였다.

"그 이야기 말입니까? 그 방면에선 제가 제일간다고 할 수 있을 것입니다."

왕은 너무나도 기뻐했다.

사람은 저마다 특유의 성격, 외관, 행동 양식, 사고방식이 있다. 그런 것에 대해서는 미주알고주알 따지지 않는 것이 무언의 약속이다. 그러므로 진실하지 못한 것이 있더라도, 매우 나쁘거나 너의 위신을 떨어뜨리는 것이 아닌 이상, 자진해서 그런 것들에 순응하는 것도 필요하다.

뒤에서 칭찬받는 것은 정말 기쁜 일이다

상대방을 가장 기쁘게 할 수 있는 칭찬 방식은 조금 전략적이기는 하지만 뒤에서 칭찬하는 것이다. 물론 뒤에서 칭찬만 하는 것은 아무 의미가 없다. 그것이 칭찬한 상대방에게 전해지도록 해야 한다. 따라서 칭찬을 전해줄 사람을 선택하는 것이 중요하다. 네 칭찬을 전함으로써 덕을 볼 수 있는 사람을 찾아라. 그러면 칭찬을 확실히 전해주는 것은 물론, 더 과장해서 칭찬해줄지도 모른다. 타인을 칭찬하는 방법 중 이보다 효과적이고, 큰 기쁨을 선사하는 방법은 없다.

지금까지 말한 내용은 사회 초년생인 네가 기분 좋게 교제하는 데 필요한 것으로 생각하면 좋다. 나도 청년 시절에 이런 것들을 알았다면 얼마나 좋았을까? 나는 이런 것들을 배우는 데 35년이나 걸렸다. 하지만 네가 내 경험을 통해 배우고, 그 과실을 거두어 준다면, 오랜 시간 시행착오를 거친 데 대한 후회는 없다.

친구가 많고 적이 적은 사람이
최고의 강자다

자기에게 이로울 때만 친절하고 어질게 대하지 말라.

지혜로운 사람은 이해관계를 떠나 누구나 친절하고 어진 마음으로 대한다.

왜냐하면 어진 마음 자체가 나에게 따스한 체온이 되기 때문이다.

_파스칼

           모든 사람은 적이 있고, 모두에게 사랑받는 사람은 없다. 그렇다고 사랑받으려고 노력하지 않아도 괜찮다는 뜻은 아니다. 내가 오랜 세월 쌓아온 경험을 통해 말하자면, 이 세상에서 가장 강한 사람은 적이 적고 친구가 많은 사람이다. 그런 사람은 질투를 받거나 원한을 사는 일이 적으므로, 빨리 출세할 수 있다. 몰락하는 경우에도 타인의 동정을 받아 고상하게 몰락한다. 이런 관점에서 보면 친구가 많고 적이 적다는 것은 머릿속에 항상 담아두고 노력해 볼 가치가 있는 하나의 목표가 될 수도 있지 않겠니?

사람은 머리가 아니라
배려를 통해 자신을 지킨다

너는 혹시 이미 세상을 떠난 오몬드(Ormonde; 1610~1688. 아일랜드의 정치가) 공작의 이야기를 들어본 적이 있느냐? 머리가 좋지는 않았지만, 예의범절에서는 가장 뛰어나 이 나라에서 최고의 인망을 가진 분이었다. 원래 성격도 상냥하고 싹싹하였고, 군대 생활과 궁정 생활을 통해 사근사근한 말과 행동을 익혔으며, 자상하고 배려심도 있는 분이었다. 그분은 가진 매력이 너무 커서 무능력함을 가릴 수 있었다. 누구에게도 뛰어나다는 평가를 받지 못했지만, 모두의 사랑을 받았다.

그 인망이 어느 정도였는지 명백히 나타난 것은, 앤 여왕의 사망 후, 불온한 행동을 한 자들이 탄핵 재판을 받게 되었을 때다. 오몬드 공작도 같은 혐의로 형식상 같은 처벌의 대상이 되었던 것이다. 오몬드 공작도 탄핵을 받았지만, 당시 정당 간 치열한 다툼이 있었음에도 불구하고, 그를 철저히 몰락시키려는 것과는 거리가 멀었다.

오몬드 공작 탄핵 결의안은 다른 사람의 그것보다 훨씬 적은 찬성표로 상원을 통과하였다. 당시 국무대신이자 탄핵의 주동자였던 스탠호프(Stanhope; 1673~1721. 영국의 군인이자 정치가)가 앤 여왕에 이어 왕이 된 조지 1세와 재빨리 교섭하는 등 조정에 나서, 다음 날은 오몬드 공작을 왕에게 접견시킬 준비까지 해두었다.

스튜어트 왕조 부활파인 로체스터 주교는 오몬드 공작을 빼앗겨서는 소송에서 이길 수 없다고 판단했다. 그래서 오몬드 공작에게 달려가서 "조지 1세와 만나봤자 용서받을 수 없으며, 수치스러운 복종을 강요당할 수밖에 없다."라고 장담하며 그로 하여금 도망치도록 하였다.

그 후 오몬드 공작의 사권 박탈이 결정되었을 때에도, 이에 항의하는 대중들이 치안에 문제를 일으키는 등 소동이 있었다. 공작에게 적은 없었지만, 그에게 호감을 가진 사람들이 몇천 명이나 있었기 때문이다.

이런 일이 가능했던 근본적인 이유는 공작에게 남을 기쁘게 해주고 싶어 하는 자연스러운 마음이 있었고, 그것을 경험으로 실천했기 때문이었다.

인덕을 방패로 삼은 사람은
성공할 가능성이 높다

인덕처럼 착실하고 합리적인 것은 없다. 어떤 사람을 더 나은 사람으로 만드는 것은 타인의 선의, 애정, 호의이다. 이런 것들을 얻기 위한 방법은 무엇일까? 무엇보다도 그것들을 얻으려는 노력이 중요하다. 여태까지 노력 없이 이런 것을 얻어낸 사람은 없다. 내가 말하는 애정과 호의는, 여인들이 갖는 감상적인 감정이나 친구 사이의 우정처럼 친밀한 사이에서만 느낄 수 있는 감정과는 다르다. 다양한 사람들과 관계를 맺을 때, 그 사람에게 가장 알맞은 방법으로 그를 기쁘게 함으로써 얻을 수 있는 보다 넓은 의미의 선의와 애정, 호의를 말하는 것이다.

이런 긍정적인 감정은 그 사람의 이해와 대립하지 않는 한, 언제까지나 지속된다. 만일 내가 지금까지 살아오면서 쌓은 40년 이상의 경험을 가지고, 20대가 되어 인생을 다시 살 수 있다면, 나는 대부분의 시간을 가능한 한 많은 사람에게 사랑받을 수 있도록 노력하는 데 쓸 것이다.

예전처럼 특정한 남성이나 여성의 마음을 얻는 데에만 몰두하여, 다른 사람을 신경 쓰지 않는 짓은 하지 않을 것이다. 만일 내가 마음을 사려고 했던 사람의 평판이 나쁘다면, 그 사람의 마음을 얻으려 몰두하는 행위가 다른 사람들을 화나게 할 수도 있다. 그 결과 어느 쪽을 향해야 할지 몰라서 헤매게 될 것이다.

그보다는 더 많은 사람의 호감을 얻어, 편안하게 있는 것이 낫다. 이는 가장 좋은 방패이다. 남성이든 여성이든 모든 사람은 인덕에 약하다. 인덕을 방패 삼은 사람은 성공할 가능성도 높고, 크게 성공할 수 있다. 여성도 인덕이 있는 남성에게 마음이 끌리는 경우가 많다.

인덕을 얻는 것은 어렵지 않다. 복장, 분위기, 말투, 사소한 배려, 진중한 몸짓, 우아한 태도 등 작은 것이 모여서 상대방의 마음을 붙잡는다. 내가 만난 사람 중에는 겉모습은 아름답지만 전혀 마음이 가지 않는 여성들, 사리분별을 갖추었는데 아무리 노력해도 좋아지지 않는 사람들이 많이 있었다. 너는 그 이유를 잘 알고 있을 거라고 믿는다. 그 사람들은 자신의 능력과 아름다움 때문에 자신감이 충만하여, 사람의 마음을 사로잡는 기술을 익히는 것을 게을리했던 것이다. 이는 너무나도 큰 잘못이라고 할 수 있다.

나는 객관적으로 볼 때 겉모습이 아름답다고 말하기는 어려운 여성과 서로 사랑한 적이 있다. 그렇지만 그 여성은 다른 사람을 행복하게 만드는 법과 타인의 마음을 사로잡는 법을 잘 알고 있었으며, 기품이 넘쳤다. 나는 평생 그녀와 사랑했을 때만큼 열중했던 적은 없었던 것 같다.

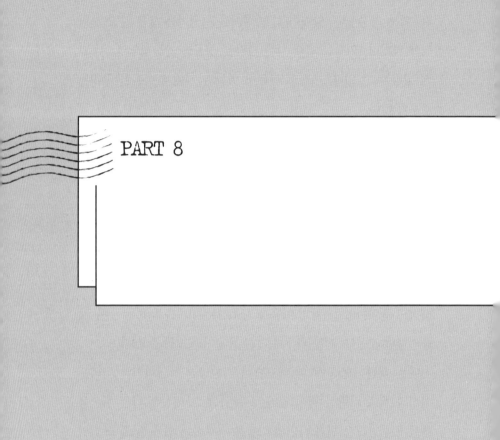

PART 8

스스로의 품격을 키워라

튼튼한 건축물도 장식이 없으면 매력이 없다

인격은 그 사람이며, 명성은 그 그림자이다.

형태와 그림자가 같이 따른다고는 하지만 부질없이

그 그림자가 크기를 바라서 그와는 비슷하지도 않은 위선자라는

짚 인형을 가지고 다니는 사람이 있다.

_에머슨

너라는 건축물의 골조 공사가 서서히 끝나가
고 있다. 이제 건축물을 아름답게 완성하는 것은 너의 책무이자 나
의 관심사이다. 너는 고상함과 기본적인 교양을 몸에 익혀야 한다.
고상함과 교양은 건물의 뼈대가 튼튼하지 않은 경우 볼품없는 장
식품에 불과하다. 하지만 뼈대가 튼튼한 건물에 이런 장식품을 더
하면 건물이 훨씬 보기 좋아진다. 사실 건물의 골조가 아무리 튼튼

해도, 장식이 하나도 없으면 밋밋해 보이기도 한다.

너도 알겠지만 건축 양식 중 토스카나식 건축이 있다. 이는 모든 건축 양식 중 가장 튼튼하지만 가장 볼품없고, 세련되지 못한 양식이다. 물론 튼튼하다는 장점이 있기 때문에 대규모 건축물의 토대나 기초를 세우기에 딱 알맞은 양식이다. 그렇다고 모든 건축물을 토스카나식으로 지을 수는 없다. 왜냐하면 누구도 토스카나식 건물 앞에서 멈춰 서거나 그 안으로 들어가 보려 하지 않을 것이기 때문이다. 즉, 아무도 그 건물에 관심을 가지지 않을 것이다. 토스카나식 건물의 정면은 살벌해 보이고 멋도 없어 일부러 들어가 보려는 사람이 없는 것이다. 하지만 토스카나식 토대 위에 아름다운 크린트식, 도리아식, 이오니아식의 기둥을 세운다면 어떨까? 평소 건축에 관심이 전혀 없던 사람도 그 건물을 바라보고, 지나가던 행인도 잠시 건물 앞에 멈춰 설 것이다. 그리고 사람들은 건물의 안쪽도 살펴보고 싶어 할 것이다.

자신만의 재능을 갈고닦아라

여기 어떤 사람이 있다고 하자. 그는 교양과 기본적인 상식을 갖추었으며, 말씨도 호감 가고 인상도 좋다. 그리고 정중하며 붙임성 있고, 언동에서 품격이 느껴진다. 한마디로, 그는 자신을 돋보이게 하는 데 탁월한 재능이 있는 사람이다.

여기 또 다른 사람이 있다고 하자. 그는 분별력 있고, 지식도 풍부하지만 앞서 언급한 사람보다 자신을 스스로 돋보이게 하는 재능이 부족하다. 이 두 사람 중 누가 거친 세상을 더 잘 살아갈 수 있을까? 분명히 전자일 것이다. 장식품을 많이 단 사람이 자신을 장식하지 않은 사람보다 더 잘 살아갈 수 있다. 사람들은 대부분 타인을 겉모습만 보고 평가하며, 몸가짐이나 예의범절에만 주목한다. 애써 상대의 내면까지 알려고 노력하지 않는다. 지혜로운 사람들도 크게 다르지 않다. 보기 싫고 듣기 싫은 것, 마음을 열기 싫은 것에 대해 알아보려고 머리를 쓰는 사람은 없다.

언제 어디서나 품위 있게 행동해라

사람의 마음을 얻으려면 우선 오감을 자극하는 것이 좋다. 일단 상대방의 눈과 귀를 사로잡아야 마음도 얻을 수 있다. 따라서 철저하게 품위를 지켜야 한다. 같은 일을 하더라도 품위 있게 행동하는 것과 품위 없게 행동하는 것은 받아들이는 입장에서 완전히 다르게 보인다.

골똘히 생각해 보아라. 말을 더듬거리거나 기어들어 가는 목소리로 말하고, 대답하는 것이 침착하지 못하며 옷차림도 단정하지 않고 몸동작도 어색한 사람을 만났다면 그 사람의 첫인상이 어떨까?

그 사람에 대해 아무것도 모르면서, 또는 그 사람에게 다른 뛰어난 자질이 있을 수도 있는데도, 그의 내면이 어떤지 생각해 보지도 않고 그 사람을 마음으로부터 미리 거부하게 되지는 않을까?

반대로 누군가를 만났는데 말과 행동 모두에서 품격이 느껴지는 경우라면 어떤 생각이 들까? 그의 내면에 대해 알지 못해도, 그를 보자마자 호의를 갖게 되지 않을까?

정확히 무엇이 사람의 마음을 그리도 사로잡는지 일일이 설명하기는 어렵다. 하지만 설명할 수 없는 무엇인가, 즉 사소한 말 한마디, 작은 제스처 하나가 사람의 마음을 사로잡는 요소가 될 수 있다. 적어도 나는 그렇게 생각한다.

타인의 장점을 배워라

결점이란 인간 자체의 영혼 속에 이미 내재하고 있는 것이다.

제아무리 완벽한 사람이라 할지라도, 결점이 없는 사람은 없다.

자신의 결점을 깨닫고 고치려고 노력한다면,

그것은 자신의 장점을 더욱 빛내주고,

인격을 함양하는 좋은 기회가 될 것이다.

_그라시안

      누구나 타인의 마음을 사로잡는 말과 행동을 배울 수 있다. 스스로 배울 마음을 가지고, 뛰어난 사람들과 자주 교류한다면 반드시 배울 수 있다. 훌륭한 사람이 어떻게 행동하는지 자세히 관찰한 다음 그들의 행동을 배워 똑같이 하면 된다.

      처음 만났는데 호감 가는 사람이 있다면, 그의 말과 행동을 관찰하여 무엇 때문에 호감이 가는지 잘 살펴보아라.

관찰해보면 여러 가지 장점이 조화되어 상대방을 사로잡는 경우가 대부분이다. 단정한 옷매무새, 고상하면서도 잘난 척하지 않는 몸가짐, 당당하면서도 겸손한 태도, 비굴하지 않게 경의를 표하는 모습 등 상대방을 사로잡는 요인은 다양하다. 그런 요인이 무엇인지 파악했다면 일단 모방하여라. 그렇다고 네 개성을 담지 않고 모방만 하지는 말아야 한다. 뛰어난 예술가도 처음에는 다른 사람의 작품을 모방하지만, 자유와 아름다움이라는 측면에서 바라봤을 때 원작에 뒤처지지 않도록 공을 들여야 한다.

호감 가는 사람을 관찰하여 모방해라

많은 사람의 호감을 사고, 예의 바르다는 평판을 듣는 사람을 만나면, 그 사람이 어떻게 말하고 행동하는지 세세히 관찰하여라.

예를 들어 그가 자신보다 지위가 높은 사람에게 어떤 말씨를 사용하는지, 지위가 같은 사람과 어떤 방식으로 친분을 맺는지, 자신보다 지위가 낮은 사람은 어떻게 대하는지 주의를 기울여 살펴보아라. 그가 오전에 다른 사람의 집에 방문하면 어떤 화제로 대화하는지, 점심을 먹을 때는 어떻게 행동하는지, 저녁 모임에서는 무엇을 하는지 자세히 살펴보고 따라 해보는 것이 좋다. 단, 원숭이처럼 흉내만 내지 말고, 그 사람의 복제인간이 된 것처럼 주의를 기울여 따라 해야 한다. 너는 그를 따라 해보려 노력하는 동안 그가 상대를 무시하거나 소홀히 대접하지 않고, 상대의 허영심이나 자존심에 상처 입히는 행동을 절대 하지 않는다는 사실을 깨달을 것이다. 또한 그가 상대방의 입장에 대한 이해를 바탕으로 그를 평가하거나, 배려하거나, 상대방에게 존경을 표하는 방법으로 사람들의 마음을 얻는다는 것도 알게 될 것이다. 결국 뿌린 대로 거두는 것이다. 사람들의 호감을 얻는 인물도 결국 정성을 다해 뿌린 씨앗에서 자라난 열매를 수확하는 것에 불과하다.

호감 가는 말과 행동은 흉내 내다 보면 반드시 익힐 수 있다. 이는 현재의 너를 돌아보면 익히 알 수 있는 사실이다. 사람은 누구나 모방하면서 배우고 익히고 발전한다. 그러므로 누구를 모방할지 선택하고 무엇이 좋은지 판단하는 일이 가장 중요하다.

사람은 평소에 자주 대화하는 상대방의 장단점, 분위기, 태도, 사고방식까지 부지불식간에 배운다. 내가 아는 몇 사람도 그다지 머리가 좋지 않은데도, 평소 지혜로운 사람들과 교류하기 때문에 뛰어난 기지를 발휘하는 경우가 있다. 내가 항상 말하는 것처럼, 훌륭한 사람들과 교류하면 너도 모르는 사이에 그들의 뛰어난 점을 닮아가게 될 것이다. 거기에 관찰력과 집중력까지 더해진다면, 곧 그들과 비슷한 정도로 훌륭한 사람이 될 수 있다.

어떤 사람이든 네 스승이 될 수 있다

만일 주변에 호감 가는 사람이 하나도 없다면 어떻게 하면 좋을까? 그렇더라도 일단 주변 사람 누구라도 침착하게 관찰해라. 아무리 훌륭한 사람이라도 단점이 있고, 아무리 부족해 보이는 사람이라도 장점 하나 정도는 있다. 사람의 장점을 발견하여 이를 배워서 익히는 것이 중요하다. 또한 어떤 사람의 단점을 발견하는 경우에는, 너에게도 그런 단점이 있지는 않은지 반성하는 계기로 삼으면 된다.

상대방에게 호감을 얻는 사람과 그렇지 못한 사람의 결정적인 차이는 바로 태도이다. 같은 말이나 행동을 하더라도, 태도가 어떤지에 따라 호감을 줄 수도 있고 아닐 수도 있다. 누구든지 먹고 마시고 말하고 움직인다. 다만 이런 것들을 하는 태도가 사람마다 다를 뿐이다. 따라서 어떤 식사 방법, 화술, 걸음걸이 등이 보기 좋거나 싫은지 자세히 살펴본다면, 스스로가 어떻게 행동해야 할지 금세 깨닫게 될 것이다.

타인의 마음을 얻는 방법

당신이 누군가를 신뢰하면, 그들도 당신을 진심으로 대할 것이다.
당신이 누군가를 훌륭한 사람으로 대하면, 그들도 당신에게 훌륭한 모습
을 보여줄 것이다.

_랄프 왈도 에머슨

실제로 다른 사람의 마음을 얻으려면 어떻게
해야 할까? 지금부터 몇 가지 답을 제시하려 하니 참고하기 바란다.

멋지게 일어서고, 걷고, 앉아라

얼마 전 항상 너를 칭찬해 주시는 하비 부인이

내게 편지를 보내셨다. 부인이 네가 어떤 모임에서 춤추는 것을 보셨는데, 몸짓이 고상하고 아름다웠다고 하셨다. 나는 정말 기뻤다. 왜냐하면, 네가 고상하고 아름다운 춤을 출 수 있다면, 분명히 멋지게 일어서고, 걷고, 앉을 수도 있을 것이라는 생각이 들었기 때문이다.

일어서고, 걷고, 앉는 것은 간단한 동작이지만 춤추는 동작보다 중요하다. 내 지인 중에 춤만 잘 추고 몸동작이 보기 싫은 사람은 단 한 명도 없다.

사실, 멋지게 일어서고 걷는 사람은 많은데 멋지게 앉아 있는 사람은 적다. 사람들 앞에서 위축된 모습으로 앉아 있는 사람도 있고, 너무 딱딱한 자세로 등을 세우고 부자연스럽게 앉아 있는 사람도 있다. 조심성 없게 의자에 온 체중을 싣고 앉아 있는 사람도 있는데, 정말 허물없는 친구 사이가 아니라면 이런 자세로 앉으면 안 된다. 사람들에게 나쁜 인상을 주기 때문이다.

모범적인 자세로 앉으려면, 마음을 편히 가지고 겉으로도 편안해 보이도록 의자에 체중을 다 싣지 말고 편하게 앉아야 한다. 그렇다고 경직된 부동자세를 취하라는 것은 아니며, 몸에 힘을 빼고 자연스럽게 앉아야 한다. 이 자세가 힘들더라도, 가능한 한 이와 비슷한 모습으로 앉을 수 있도록 연습하여야 한다.

사소하지만 아름다운 몸동작은 여성과 남성 모두의 마음을 사로잡는다. 이는 직장에서도 마찬가지이다. 멋진 몸짓이 사람의 마음을 사로잡는 데 큰 역할을 한다는 것을 기억해 두면 좋겠다.

예를 들어 어떤 여성이 부채를 떨어뜨릴 경우, 유럽에서 가장 우아한 남성이든 그렇지 않은 남성이든 부채를 주워 건네줄 것이다. 하지만 우아한 남성은 감사를 담은 답례를 받지만, 우아하지 못한 남성은 어색한 몸동작 때문에 웃음거리가 된다. 공공장소뿐 아니라 일상적인 장소에서도 우아한 행동을 하는 것이 좋다. 작은 일이라고 무시하고 연습하지 않으면, 반드시 그 일을 해야 하는 경우에도 못 하게 된다. 커피 한 잔을 마실 때도 잔을 바르게 들어서 커피가 잔에서 출렁거리지 않도록 해야 한다.

옷차림으로도 인격을 알 수 있다

너도 이제 옷차림에 신경을 쓸 나이가 되었다. 나는 사람의 옷차림을 보고 그의 인품을 상상하는데, 다른 사람들도 그럴 것이다.

나는 옷차림에서 조금이라도 뽐내는 느낌이 드는 사람을 보면, 그의 사고방식이 약간 뒤틀린 것은 아닌지 의심한다. 예를 들어 항상 화려하고 거창하게 성장하는 것을 즐기는 사람을 보면, 자신의 인격이 부족하다는 사실을 감추기 위해 위압적인 옷차림과 치장을 고집하는 것 같아서 보기 싫다. 반대로 옷차림에 전혀 신경을 쓰지 않아서 궁정에 출입하는 귀족인지 마부인지 알 수 없는 사람도 생각 없어 보인다.

지혜로운 사람은 복장을 통해 개성이 드러나지 않도록 신경을 쓰므로 과도하게 눈에 띄는 옷을 입지 않는다. 자기가 방문하는 고장의 지식인이나 사교계 사람들과 비슷한 옷차림을 하고, 비슷한 정도로 치장한다. 옷차림이 과도하게 화려하면 너무 들뜬 것처럼 보이고, 너무 초라하면 아무 옷이나 입고 모임에 참석한 것처럼 보이므로 다른 참석자들에게 실례가 된다.

나는 청년의 옷차림은 초라한 것보다는 약간 화려한 것이 낫다고 생각한다. 나이를 먹으면서 화려한 옷차림이 점점 수수해지긴 하지만, 그렇다고 옷차림에 대해 전혀 신경 쓰지 않으면 비참한 상황이 생긴다. 40세에는 사회에서 밀려나게 되고, 50세에는 다른 사람들이 싫어하는 사람이 되고 만다.

따라서 주변 사람들이 옷을 화려하게 입을 때는 너도 화려하게 입고, 간소하게 입을 때에는 너도 그렇게 하도록 해라. 단, 항상 몸에 잘 맞고 바느질이 잘된 옷을 입지 않으면 어색하고 부자연스럽다는 것을 명심해라.

그리고 일단 옷을 입고 나갔다면, 옷에 대해 생각하지 마라. 색

상의 조화가 괜찮은지, 상의와 하의, 겉옷과 와이셔츠의 조합이 이상하지 않은지 고민하면 몸동작이 어색해질 수밖에 없다. 일단 옷을 입었으면 옷에 다시는 신경 쓰지 말고, 옷을 입지 않은 것처럼 편안하고 자연스럽게 행동하는 것이 좋다.

머리부터 발끝까지 살펴라. 헤어스타일도 복장의 일부이기 때문에 신경 써야 한다. 그리고 구두끈을 매지 않았거나, 양말을 흘러내리게 신고 있지는 않은지도 점검해라.

좋은 인상을 남기려면 청결이 특히 중요하다. 손과 손톱을 항상 깨끗이 하고, 매일 식후에 이를 닦아야 한다. 치아는 특히 중요하다. 치통을 앓지 않고 나이 들어서도 자신의 치아로 음식을 씹으려면 치아를 잘 관리해야 한다. 치아가 상하면 나쁜 냄새가 나므로 함께 있는 사람들에게 실례이다.

너는 치아가 매우 튼튼한 것 같은데, 나는 그렇지 못하다. 젊었을 때 주의를 기울이지 못해서 지금은 치아가 망가졌다. 식사할 때마다 부드러운 칫솔과 따뜻한 물로 4~5분 정도 닦고, 5~6회 양치질하는 것이 좋다. 치열도 관리해야 하는데, 네 거처 근처에 저명한 치열 전문가가 있다고 들었다. 찾아가서 교정을 받아 이상적인 치열을 만들도록 하여라.

마음은 자연스레 표정을 따라간다

사람의 마음을 사로잡는 요소는 많지만, 그중 가장 효과적이고, 잔상이 강한 것은 표정이다. 너는 이 사실에 대해 잘 모르는 것 같다.

외모 콤플렉스가 조금이라도 있는 사람은 이를 숨기고 보충하기 위해서 최선을 다한다. 준수하지 못한 외모를 가진 사람은 더욱 열심히 노력한다. 조금이라도 매력적으로 보이고 싶어서 우아하게 행동해 보기도 하고, 다정한 미소를 지어 보기도 하는 등 온갖 눈물겨운 노력을 한다.

너는 신께서 주신 준수한 외모에 대해 전혀 감사함을 느끼지 못하고, 그 외모를 함부로 사용하고 있다. 네 표정은 너무나도 이상하고 어색하다. 너 스스로는 네 표정이 결단력 있고, 남자다우며 사려 깊어 보인다고 생각할지 모르지만, 그것은 말도 안 되는 너만의 착각이다. 네 표정은 최대한 좋게 봐주려고 해도 억지로 위엄 있어 보이려고 애쓰는 군인 같다.

내 지인인 한 청년은 처음 국회의원이 되었을 때, 자신의 방에서 거울을 보며 동작과 표정을 연습하다가 들켜 비웃음을 샀다. 하지만 나는 그를 비웃을 수 없었다. 이 청년이 그를 비웃는 사람들보다 훨씬 분별력 있는 사람이라는 생각이 들었기 때문이다. 그는 공공장소에서 동작과 표정이 얼마나 중요한지 잘 알았기 때문에 연습했던 것이다.

이 말을 들은 네 반응이 그려진다. 너는 분명히 "온순한 표정을 짓기 위해 온종일 얼굴에 신경을 쓰고 있으라는 말입니까?" 하고 물을 것이다. 내 말은 24시간 내내 신경 쓰고 있으라는 뜻이 아니다. 단 2주라도 괜찮으니, 좋은 표정을 짓는 연습을 열심히 해보길 바란다. 그러면 나중에는 표정에 대하여 다시 생각할 필요가 없어질 것이며, 표정으로 인하여 외모가 더더욱 빛날 것이다.

언제나 눈가에 부드러운 표정이 담겨 있도록 신경 써라. 전체적으로 미소 짓는 것 같은 표정이 보기 좋다. 따라서 성직자의 표정을 배우는 것이 좋다. 성직자의 표정을 보면 자애롭고 선의가 넘치며, 열정적이면서도 엄숙해 보인다. 이런 표정은 사람들의 마음을 사로잡는다. 너도 그렇게 생각하는지 궁금하다. 물론 표정만으로 사람들의 마음을 사로잡기는 힘들고, 표정에 진심을 담아야 한다. 성직자의 표정에는 진심이 담겨 있기 때문에 사람들의 마음을 얻고 호감을 살 수 있는 것이다.

이 이야기를 듣고도 표정 연습을 하는 것이 귀찮다는 생각이 드느냐? 일주일 동안 30분씩만 노력하면 되는 일이다. 그래도 싫다면, 네가 댄스를 배운 이유가 무엇인지 생각해 보아라. 댄스 배우는 것이 의무도 아닌데 왜 귀찮음을 무릅쓰고 배웠느냐?

너는 분명히 "사람의 마음을 얻기 위하여 배웠습니다."라고 대답할 것이다. 맞는 말이다. 그렇다면 왜 너는 귀찮은데도 불구하고 머리를 파마하고 좋은 옷을 입었느냐? 머리를 볶지 않고, 옷도 대충 누더기를 걸치고 있는 것이 훨씬 편할 것이다. 그런데도 머리와 옷에 신경 쓰는 이유는 무엇이냐?

　너는 "남에게 나쁜 인상을 주기 싫기 때문입니다."라고 답할 것이다. 이것도 맞는 말이다. 이를 안다면, 그런 논리에 따라 표정 연습도 해야 한다. 표정은 댄스나 머리 모양, 옷차림보다 훨씬 더 근본적인 요소이다. 옷차림이 정말 보기 좋고, 아주 멋진 머리 모양을 하고 있으며, 품위가 넘치는 사람도 표정이 나쁘면 사람들의 호감을 얻어내기 힘들다. 너는 기껏해야 1년에 6~7번 정도 춤을 추겠지만, 너의 표정은 1년 내내 매일 사람들에게 노출된다. 이를 잘 기억해라.

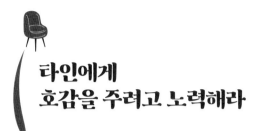

타인에게
호감을 주려고 노력해라

인격은 말하지 않아도 저절로 드러난다.

순간적인 행동과 말, 그리고 일신상 의도는

인물의 됨됨이를 나타내기에 충분하다.

_에머슨

         앞으로 열거할 요소들을 몸에 익히지 못한다면, 네가 아무리 약삭빠르고 지식이 풍부해도 원하는 바를 이룰 수 없을 것이다.

   지금이 바로 너에게 필요한 장식을 몸에 익혀야 하는 때이다. 지금이 아니라면 뒤늦게 익힐 수 없을 것이다. 지금은 다른 일보다 이 일에 가장 몰두해야 한다. 탄탄한 토대와 아름다운 장식이 합쳐지는 것보다 좋은 것은 없다.

내가 너에게 편지를 보내 외적인 것에 신경 쓰라고 열심히 설득하고 있다는 걸 알게 되면 사회생활을 경시하고 학문만 중시하는 사람들이나 융통성이 없는 사람들은 나를 경멸할 것이다. 아마도 아니꼬운 표정으로 "아버지는 자식에게 그보다는 더 훌륭한 교훈을 주어야 할 것 같은데요."라고 말할 것이다.

그런 사람들의 사전에는 '타인의 호감을 사는' 혹은 '호감을 느끼다' 같은 말이 담겨 있지 않을 것이다. 하지만 이런 말들이 실제로 존재하는 이유는 사람들이 호감을 얻는 것에 관심이 많고, 이를 바라며, 이에 대해 많이 이야기하기 때문이다. 이런 현실을 가볍게 여기거나 웃어넘겨서는 안 된다.

예의범절을 가볍게 여기지 마라

청년 중에 제멋대로이고 무례한 사람이 많은 이유는, 부모들이 예의범절을 경시하거나 그것에 관심이 없어서일 것이다. 그런 부모들은 자녀에게 기초 교육, 대학 교육, 유학 교육까지 다 하지만, 자녀가 어떤 생각을 하는지에 대해서는 관심이 없다. 그리고 자녀가 성장하는 모습을 제대로 관찰하지도 않고, 간혹 관찰한 경우에도 그 모습에 대해 판단하지 않고, 무용하게 세월만 보낸다. 그리고 자신의 마음을 달래기 위하여 '내 자식은 다른 아이들처럼 잘하고 있다. 다 괜찮으니 걱정하지 말자.'라고 되새긴다.

그런 부모의 아이들은 다른 아이들처럼 학교에 다니지만, 잘하고 있지 않다. 그들은 학창 시절에 배운 유치한 장난을 커서도 계속한다. 대학교에 다니며 배운 편협한 사고방식을 고치지 않는다. 그리고 유학을 하며 배운 오만한 태도를 고수한다. 부모 외에 다른 사람이 이런 것에 관심을 가지거나 잘못에 대해 주의를 주기는 힘들다. 따라서 이렇게 자란 청년들은 자신의 어리석은 태도에 다른 사람이 눈살을 찌푸린다는 것도 모르고, 보기 싫고 예의 없는 행동을 계속한다.

앞에서도 여러 번 말했지만, 자식이 사람을 대하는 태도나 예의범절에 대해 지적할 수 있는 사람은 아버지밖에 없다. 이는 자식이 성인이 되어도 마찬가지이다. 아무리 친한 친구라도, 친구에게 아버지처럼 주의를 주기는 힘들다. 또한 친구에게는 아버지만큼의 경험이 없다. 너는 나와 같이 호의적이고 충실하며, 동시에 예리한 감시자가 있어서 다행이다. 너는 무슨 일을 하든지 내 눈을 피할 수 없다. 너를 잘 살펴보고 네 결점을 신속히 발견하여 고치도록 도울 것이다. 너의 장점도 신속히 발견하여 칭찬해줄 것이다. 그것이 부모로서 내가 해야 할 일이라고 생각한다.

학문만 익혀서는 배울 수 없는 것을 교육하는 것이 중요하다

모두에게 예의 바르고 다수에게 붙임성 있고 소수에게 친밀하며

한 명에게 친구가 되고 아무에게도 적이 되지 말라.

_벤저민 프랭클린

사람은 원래 불완전한 존재이다. 하지만 나는 네가 태어난 이후 항상 너를 완벽에 가까운 사람으로 만들고 싶었다. 나는 너의 완벽성을 위하여 항상 최선을 다하였다. 또한 너를 교육하기 위해 비용과 수고를 아끼지 않았다. 나는 교육을 통해 타고난 것보다 더 뛰어난 사람으로 성장시킬 수 있다고 믿기 때문이다. 너도 경험을 통해 이에 대해 깨달았을 것으로 생각한다.

내가 가장 먼저 한 일은 아직 어리고 판단력 없던 네가 사람에 대한 존경심과 선을 추구하는 마음을 가지도록 교육한 것이다. 너는 그것을 마치 문법을 외우듯 기계적으로 몸에 익혔고, 지금은 너 스스로 판단하여 그것을 실천하고 있다. 물론 선을 실천하는 일과 사람을 존경하는 일은 당연한 것으로, 보통 사람들이 가르침을 받지 않아도 하는 일이기는 하다.

샤프츠베리 경은 말했다.

"나는 남들의 눈 때문에 선행하는 것이 아니라, 자신을 위하여 하는 것이다. 이는 남이 보기 때문에 청결을 유지하는 것이 아니라 스스로를 위하여 청결을 유지하는 것과 마찬가지다."

따라서 네가 판단력을 갖게 된 이후 나는 선을 사랑하라는 말을 하지 않았다. 그것은 당연하기 때문이다.

그다음에 나는 편견이 담겨 있지 않은, 실질적인 교육을 하겠다고 결심하였다. 이것도 처음에는 나, 그 후에는 하트 씨의 도움을 받아, 그리고 최근에는 너의 힘으로 기대한 것보다 좋은 성과를 거두었다. 너는 내 기대에 충분히 부응해 주었다. 그리고 이제 내가 마지막으로 가르치고 싶은 것이 사람과 접촉하는 방법, 즉 예의범절이다. 예의범절을 모르면 몸에 익힌 모든 것이 빛을 잃고, 불완전해지며 심지어 헛된 것이 되어 버릴 것이다. 그런데 안타깝게도 너는 예의범절이 부족한 것 같으니 이를 중심으로 편지를 쓰겠다.

자신보다 상대에게 맞추려고 노력하라

나와 네가 모두 알고 있는 어떤 분은 예의에 대하여 '자신을 조금 억제하면서 상대방에게 맞추려고 노력하는, 양식 있고 분별 있는 행동'이라고 표현하셨다. 이 말이 틀렸다고 할 사람은 없을 것이다. 다만, 안타깝게도 양식과 분별이 있는 사람이 곧 예의 바른 사람이라고 말할 수는 없다.

확실히 예의를 표현하는 방식은 환경이나 고장에 따라 다르므로, 직접 보고 듣지 않으면 알 수 없다. 하지만 시대와 지역을 막론하고 예의를 중시하는 마음 자체는 같을 것이다. 따라서 예의 바른 사람이 되고 싶다는 의지가 있느냐에 따라, 예의 바른 사람이 되기도 하고 그러지 못하기도 한다.

예의가 특정 사회에서 가지는 영향력은 도덕이 일반 사회에서 가지는 영향력과 유사하다. 예의는 사회 구성원들을 하나로 묶어 주고, 사회의 안정성을 높여준다. 일반 사회에 도덕적 행위를 북돋기 위한 법률이 있는 것처럼, 특정 사회에도 예의 바른 행위를 권하고 무례한 행위를 훈계하는 암묵적인 규율이 있다.

너는 내가 명시된 법률과 암묵적인 규율을 같은 것으로 여긴다고 놀랄 수도 있겠지. 하지만 나는 둘이 유사하다고 생각한다. 타인의 사유지에 무단 침입한 부도덕한 사람은 법에 따라 처벌받는다. 마찬가지로 타인의 사생활을 무례하게 침해한 사람도 무언의 사회적 합의에 따라 추방당한다. 문명사회에서 살아가는 사람에게 있어 타인을 상냥하게 대하고, 상대방에게 주의를 기울이고, 가끔은 희생하기도 해야 한다는 것은 누가 강요해서가 아니라 자연스럽게 알게 되어 지키는 무언의 협정 같은 것이다. 이는 왕과 신하 사이에 비호와 복종이라는 암묵적 협정이 존재하는 것과 같다. 그 협정을 어긴 사람은 협정에서 얻은 이익을 박탈당하는 것이 당연하다. 나는 예의 바르게 행동하는 것이 선행 다음으로 사람들을 사로잡는다고 생각한다. 나도 아테네의 장군 아리스테이데스(Aristeides; 530~468 B.C. 아테나이의 장군이자 정치가) 같은 분이라는 칭찬을 들을 때 가장 기쁘지만, 예의 바른 분이라는 칭찬을 들을 때 그다음으로 기쁘다. 그 정도로 예의는 중요하다.

상황에 따른 예의범절

예절 바른 사람과 어울려라. 당신의 예절이 나아진다.

좋은 사람들과 교제해라. 당신의 좋은 천성이 강화된다.

_스탠리 워커

예의에 대한 전반적인 설명은 이 정도로 하고, 다음으로 상황에 따른 예의범절을 가르쳐주고 싶다.

윗사람에게 예의 있게 대해라

명백한 윗사람, 즉 공적인 지위가 나보다 높은

사람에게 예의 없이 대하는 사람은 없다. 중요한 것은 예의를 나타내는 방식이다. 인생 경험이 많고 판단력이 있는 사람은 최대한 자연스러운 모습으로 예의를 표한다.

그러나 탁월한 사람들과 교류해본 경험이 없는 사람은 윗사람을 대할 때 있는 용기, 없는 용기를 모두 쥐어짜서 행동하기 때문에, 너무나도 어색해서 옆에서 보고 있으면 안쓰럽기까지 하다.

그렇다고 자신이 존경하는 사람 앞에서 머리를 벅벅 긁거나, 보기 싫게 의자에 걸터앉거나, 휘파람을 부는 행동 따위를 하는 사람은 없을 것이다. 윗사람 앞에서 주의해야 할 것은 한 가지뿐이다. 두려워하지 말고, 몸에 힘을 빼고, 고상하게 예의를 다해라. 이런 태도는 모범이 되는 사람을 관찰하여 흉내 내면서 배울 수밖에 없다.

다양한 사람들이
모인 곳에서는 선을 지켜라

윗사람이 없고, 다양한 사람들이 모인 곳에서는 초대받은 모든 사람이 동등한 입장이라고 할 수 있다. 이때는 특별히 경의를 표하거나 존경해야 하는 인물이 없으므로, 긴장이 풀리게 되고, 행동도 자유로워진다. 하지만 모든 모임에서 절대적으로 지켜야 하는 선은 존재한다. 이 선만 지켰다면 무난하게 행동했다고 말할 수 있다. 이런 모임에서는 특별히 경의를 표해야 할 상대가 없는 대신, 누구나 최소한의 배려와 예의를 기대한다. 따라서 무심하거나 산만한 태도를 보여서는 안 된다.

예를 들어 누군가가 너에게 다가와 따뜻한 말을 한다고 해도, 일단은 정중한 태도로 응대해야 한다. 이야기를 대충 듣는 등 상대를 무시하는 마음을 겉으로 드러내는 것은 매우 무례한 태도이다. 대등한 사람들끼리의 모임에서 그랬더라도 말이다.

대화 상대방이 여성일 경우 더더욱 그렇다. 여성은 아부에 가까울 정도로 배려해야 한다. 주목하는 것만으로는 부족하다. 그녀의 기호, 취미, 변덕, 사소한 소원, 심지어 오만한 태도까지 신경 써야만 한다. 가능하면 그녀가 원하는 것이 무엇인지 추측하여 먼저 말을 꺼내는 것이 좋다. 예의 바른 사람들은 누구나 그렇게 한다. 다양한 사람들이 모인 곳에서 예의 바르게 행동하는 방법에 대해 일일이 열거하려면 한도 끝도 없고, 그러는 것은 너에게도 실례라고 생각한다. 이 정도 이야기하고 그만하겠다. 다른 사항에 대해서는 네가 쌓아온 교양을 통해 판단해라. 단, 네가 어떻게 행동하는 것이 너에게 이로울지 고민하면서 행동했으면 좋겠다.

지위나 신분이 낮은
사람들이 너를 적대시하게 하지 마라

네가 선천적으로 구두를 닦아주는 사람이나 방을 청소해주는 사람보다 뛰어나다고 착각하고 있지는 않을 거라고 믿는다. 운 좋게도 유복한 집안에서 태어난 것을 감사하게 여겨야 한다. 또한 불운하게 태어난 사람들을 무시하거나, 그들에게 불운을 상기하게 하는 기분 나쁜 말을 하는 것을 삼가야 한다. 나는 사회적 지위가 비슷한 사람을 대할 때의 태도만큼 지위나 신분이 낮은 사람을 대할 때의 태도도 신경 쓴다. 그 이유는 능력이나 노력의 차이가 아니라 단순한 운으로 결정된 지위나 신분의 차이를 새삼스레 부각시켜 알량한 자존심을 채우는 사람이라는 오해를 받고 싶지 않기 때문이다.

그런데 청년들은 이런 것까지 생각하지 못하는 경우가 많다. 권위 있어 보이는 단정적인 말투와 명령하는 것 같은 태도가 기개와 용기의 증거라고 착각하는 청년들이 너무나 많다. 생각이 미치지 않는 이유는 주의력이 부족하기 때문이기도 하지만, 청년들이 대개 지위와 신분이 낮은 사람까지 신경 쓰지 않기 때문이기도 하다. 오만하여 신분이 낮은 사람을 업신여기는 자라는 오해를 받으면 관계가 깨진다. 상대방은 평생 너에 대한 앙심을 품을 것이다.

신분과 지위가 낮은 사람에게 주의를 기울이지 않는 청년들은 대부분 자신의 지인들이나 아주 아름다운 사람, 인격자, 지위가 높은 사람 등 탁월한 사람들에게만 주의를 기울인다. 그리고 그렇지 않은 사람들에게는 신경 쓸 가치도 없다는 듯이 행동하며, 기본적인 예의도 지키지 않는다.

사실은 나도 청년 시절에 그랬다. 매력 있는 몇 명의 마음을 얻으려고 필사적으로 노력하였지만, 나머지 사람들에게는 기본적인 예의를 지킬 필요도 없다고 착각했다. 결국 눈에 띄는 미인, 각료, 지식인 등 모두의 주목을 받는 사람들에게만 예의 바르게 행동하고 다른 사람들에게는 예의 없게 행동하였고, 그 사람들 모두가 나에게 화가 났다.

이런 어리석은 행동 때문에 나는 많은 남성과 여성을 적으로 만들었다. 시시한 사람이라고 여겼던 그들이 내가 가장 좋은 평판을 얻고 싶었던 곳에서, 나의 평판을 나쁘게 만들었다. 그들은 내가 오만한 사람이라고 오해했다. 하지만 사실 나는 오만하다기보다는 분별력이 없었던 것이다.

"인심을 얻은 왕이 태평성대를 누리며 권력을 오래 유지할 수 있다."라는 격언이 있다. 이는 신하의 충성심을 얻고 싶다면, 공포를 심으려 하지 말고 인심을 얻으라는 뜻이다. 신하의 인심을 얻는 것이 어떤 무기보다 강력하기 때문이다. 우리가 왕은 아니지만, 이 말을 우리에게도 적용할 수 있다. 사람의 마음을 사로잡는 방법을 아는 것은 그 무엇보다도 강력한 무기이다.

원석도 연마하지 않으면 쓸모없다

이번에는 아주 친밀한 벗이나 지인에게 어떻게 행동해야 하는지를 말하고 싶다. 이런 밀접한 관계에서 방심한 채 행동했다가 뜻하지 않게 실수를 하여 관계가 깨질 수도 있다. 친한 벗과 있을 때는 편안한 기분을 느껴도 좋고, 그런 기분을 느끼는 것이 당연하기도 하다. 친밀한 관계는 사생활에 기쁨을 준다. 그렇다고 친분을 내세워 넘어서는 안 되는 선을 넘어도 된다는 뜻은 아니다. 친한 사이라고 해서 자기 멋대로 지껄이기 시작하면 순식간에 즐거워야 할 대화를 망쳐버린다. 이는 지나치게 자유로운 사람이 윤락가를 쏘다니다 건강을 망쳐 버리는 경우와 유사하다.

막연한 이야기로는 네가 이해하기 힘들지도 모르니 명확한 예를 들어 설명하겠다. 너와 내가 한 방에 있다고 생각해보아라. 나는 내가 원하는 대로 행동하겠다고 생각하고 있고, 너도 마찬가지라고 쳐보자. 이런 경우 우리 두 사람 사이에 아무런 예의도 필요 없을까? 나는 절대로 그렇다고 생각하지 않는다.

아무리 우리가 가까운 관계라 하더라도 서로 지켜야 할 예의가 있다. 이는 다른 사람 앞에서도 마찬가지이다. 만약 네가 이야기를 하는데 내가 계속 딴생각을 하거나 코를 골거나 네 앞에서 크게 하품을 하는 등의 행동을 하고 큰 실수를 한다면, 나는 네 앞에서 야만스러운 행동을 한 것이 두고두고 부끄러울 것이다. 그리고 네가 나에게서 멀어지는 것까지도 각오해야 할 것이다. 부모와 자식 간도 이러한데, 아무리 친한 사이라도 관계를 깨지 않고 오랫동안 유지하고 싶다면 최소한의 예의는 필요할 것이다. 사이좋은 부부가 너무 방심하여 서로에게 예의 없게 대하기 시작한다면 어떻게 될까? 한 쌍의 원앙 같던 부부 사이가 금세 깨질 것이고, 남편과 아내가 서로 경시하게 될 것이다.

누구에게나 결점이 있다. 상대방의 결점을 파헤치는 것은 예의에 어긋나는 일이며 무분별한 짓이기도 하다. 네가 상대방의 약점을 잡았다고 해서, 그가 너를 전보다 예의 바르게 대하지는 않을 것이다. 상대방이 너에게 적당히 예의를 지켰다면 이에 만족하면 된다. 그렇게 하는 것이 예의를 지키는 것이고, 서로 오랫동안 우애를 지키는 방법이다. 인간관계를 계속해서 유지하려면 이 방법에 따라야 한다. 예의에 관해서는 이 정도 말하고 끝내겠다. 예의에 대해 마지막으로 하고 싶은 말은 하루의 절반은 예의를 몸에 익히는 데 써주기를 바란다는 말이다.

다이아몬드 원석은 쓸모가 없다. 갈고닦아 아름다워져야 사람들이 가지고 다니게 된다. 물론 다이아몬드는 밀도가 높고 원석의 강도도 높기 때문에 아름답다. 하지만 연마하는 작업을 하지 않으면 보석이 되지 못하고, 원석 그 자체로 남아있게 될 뿐이다. 기껏해야 원석 수집가의 진열장 속에 갇힐 뿐이다.

너는 다이아몬드와 같이 알맹이의 밀도가 높고 견고한 사람이다. 지금까지 그랬던 것처럼 최선을 다해 자신을 갈고닦아야 한다. 네가 본질을 잃지 않는다면 주변의 훌륭한 사람들이 너를 멋진 모양으로 조각해주고 광채가 나도록 갈고닦아 줄 것이다.

PART 9

아들에게
들려주는 인생 최고의 교훈

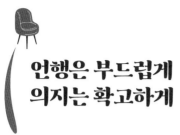

언행은 부드럽게
의지는 확고하게

현명하고 세련되고 온화한 대화는 문화인의 최고의 꽃이다.

대화는 우리가 우리 자신을 나타내는 것이다.

_에머슨

　　　　　너에게 말과 행동은 부드럽게 하고 의지는 확
고하게 해야 한다는 내용의 편지를 쓴 적이 있는데, 네가 기억하는
지 궁금하다. 이 말은 살면서 무슨 일이 생기든지 활용할 수 있는
말이라고 할 수 있다.

　오늘은 나이 든 설교사처럼 이 말을 주제 삼아 설교하겠다. 일단
이 말에 담긴 두 가지의 내용, 즉 '말과 행동은 부드럽게'와 '의지는

확고하게'에 대해 설명한 후, 이 두 가지가 합쳐지면 어떤 효과가 생기는지에 대해 말하겠다. 마지막으로 이 말을 실천하는 방법에 대해 알려주고 싶다.

언행은 부드럽지만 의지가 약한 사람은 결국 붙임성만 좋고 소극적이며 비굴하고 마음 약한 사람이 되어 버린다. 반대로 의지는 확고하지만 언행이 모난 사람은 사납고 용맹하지만 너무 사납고 저돌적인 사람이 된다.

둘 다 갖추면 좋겠지만, 그런 사람은 거의 없다. 의지가 강한 사람 중에는 혈기가 넘치는 사람이 많다. 그들은 말과 행동이 온화한 것을 나약한 것이라고 착각하여 자기 의견을 힘으로 관철하려 한다. 상대방이 소심하고 내향적인 경우 자기 뜻대로 해나갈 수 있겠지만, 그렇지 않은 경우에는 상대방이 그에게 분노하거나 반감을 갖게 되어 목적을 이룰 수 없게 된다.

한편 부드러운 사람 중에는 교활하여 원하는 모든 것을 인간관계를 통해 얻으려는 사람들이 있다. 이런 사람들을 팔방미인이라고 한다. 이런 사람들은 자신의 의지가 존재하지 않는 것처럼, 임기응변을 통해 상대방에게 맞추기만 한다. 이런 방식으로 어리석은 사람을 속일 수는 있겠지만, 그 이외의 사람들에게는 바로 실체를 들킬 수밖에 없다.

말과 행동이 부드러운 동시에 의지도 확고한 사람, 즉 두 가지를

다 갖춘 사람은 팔방미인도 아니고 강압적인 사람도 아니다. 이런 사람을 지혜로운 사람이라고 한다.

확고한 의지를
온화함으로 포장하라

그렇다면, 확고한 의지와 온화함 둘 다를 갖추면 어떤 점이 좋을까? 타인에게 명령할 때 예의 있는 태도를 갖추면 사람들이 명령을 기쁜 마음으로 받아들이고 기분 좋게 실천할 것이다. 그런데 위압적인 태도로 명령하면 사람들이 그 명령을 대충 수행하거나 받아들이지 않는다. 예를 들어 내가 강압적인 태도로 부하에게 술을 한 잔 가져오라고 명령한다면, 그 부하가 술을 가져오기는 하겠지만 화가 나서 실수인 척 내 옷에 술을 엎질러 버릴 수도 있다. 이 경우 내가 그럴만한 짓을 해서 그런 일을 당한 것이니 인과응보이다. 물론 명령을 할 때 냉정하고 단호하게 상대방에게 '복종하기 바란다.'라는 강력한 의지를 보이는 것도 중요하다. 하지만 온화함으로 단호함을 포장하여, 상대방이 불필요하게 열등감을 느끼지 않고 기꺼이 명령을 따를 수 있도록 배려하여야 한다. 윗사람에게 부탁하거나 당연한 권리를 요구하는 경우에도 마찬가지다.

공손한 태도로 부탁하지 않으면, 원래 네 부탁을 거절하고 싶어 했던 상대에게 거절할 구실을 만들어 줄 수 있다. 그렇다고 부드러움만으로 일을 이룰 수 있다는 건 아니다. 품격 있는 집요함과 쉽게 포기하지 않는 끈기로 네 의지가 얼마나 강력한지 보여 주는 것이 중요하다. 사람들, 특히 지위 높은 사람들은 이치에 맞는다는 이유만으로 행동하는 경우가 거의 없다. 그들은 누군가 어떤 일에 국익이나 정의라는 명분을 내세우는 경우, 거절하고 싶은 일이라도 원한을 사기 싫어서 동의하는 경우가 많다. 부드러운 말과 행동을 통해 그들의 마음을 얻어야 한다. 그렇게 하면 그들이 너의 부탁을 거절할 명분이 없을 것이다.

그들에게 네 의지가 확고하다는 사실을 알려주어, 보통 같으면 들어주지 않을 만한 부탁이나 너의 원한을 사는 것이 두렵거나 귀찮아서 네 부탁을 들어주게 하면 좋다.

신분이 높은 사람은 주변 사람들로부터 불만을 듣거나 청탁을 받는 데 익숙하다. 환자가 통증을 호소하는 데 익숙해져서 웬만큼 심각한 통증이 아니면 크게 신경 쓰지 않는 외과 의사들처럼, 온종일 비슷한 하소연을 듣기 때문에 어떤 것이 진짜이고 가짜인지 구별하기 힘들어한다. 따라서 그들은 일반적으로 호소를 잘 들어주지 않는다. 따라서 그들의 감정을 흔들어야만 한다. 이를테면 부드러운 말투와 태도로 호감을 사거나, 끈기 있게 호소하여 굴복을 얻어내거나, 위신이 떨어지지 않는 한도 내에서 냉담한 태도를 취해 두려운 마음이 들게 하는 것이다. 진짜 강력한 의지는 이런 것이지, 아무 전략 없이 무조건 밀고 나가는 것이 아니다. 온화한 언행과 강인한 의지를 겸비해야만 무시 대신 사랑을, 미움 대신 존경을 받을 수 있으며, 세상의 모든 지혜로운 사람들이 갖추고 싶어 하는 위엄을 몸에 익힐 수 있다.

온유한 것과
양보하는 것은 천지 차이다

다음으로 실천에 대해 이야기하겠다.

너무 흥분하여 생각 없고 예의 없는 말이 금방이라도 튀어나올 것 같으면 자신을 억제해 말과 행동을 부드럽게 해야 한다. 이는 네 앞에 있는 사람이 윗사람이든 아랫사람이든 마찬가지이다. 감정이 폭발하려고 하는 순간에는 진정될 때까지 침묵하고, 네 표정 변화를 상대방이 눈치채지 못하도록 주의하여라. 그렇더라도 절대 양보하면 안 되는 상황에서 상대의 비위를 맞추거나 상냥하게 굴고 아양을 떠는 등의 비열하게 아첨하는 모습을 보여서는 안 된다.

그럴 때는 단호한 태도로 집요하게 공격을 지속하는 것이 좋다. 그러면 결국 목표를 이루어낼 수 있을 것이다. 온유하고 내향적이며 언제나 양보만 하는 사람은 타인의 고통에 공감하지 못하는 사람이나 교활한 사람에게 모자란 사람 취급을 받으며 짓밟힐 뿐이다. 하지만 여기에 단단한 의지가 더해지면, 사람들에게 존경받게 되고, 결심한 대로 이룰 수 있다. 지인이나 친구에게도 확고한 의지를 보여주는 것이 좋다. 강한 의지는 그들의 마음이 너에게로 향하도록 할 것이다. 그리고 온유한 말과 행동은 상대방이 너를 적으로 돌리는 것을 막아줄 것이다. 주의해야 할 점은 온유한 태도로 적의 마음을 여는 것과 동시에 확고한 의지를 보여 적에게 네 주장이 타당하다는 것도 보여주어야 한다는 것이다. 네가 하는 일이 정당하기 때문에 너에게 공연히 화를 낼 이유가 없다는 걸 상대방이 분명히 인식하게 해야 한다.

상대에게 끌려가지 말고 네 뜻대로 일을 진행해라

일과 관련된 교섭을 하는 경우에도 상대방에게 확고한 의지를 보여주어야만 한다. 어쩔 수 없이 타협해야만 하는 순간까지는 절대 절충안을 수용하면 안 되며, 한 발도 물러서지 말아야 한다. 부득이 타협해야 하는 경우라 해도 순순히 타협하지 말고 저항하면서 한 발자국씩 천천히 물러나야 한다. 그러면서도 온유한 태도로 상대방의 마음을 붙잡는 걸 잊어서는 안 된다. 만일 상대방의 마음을 사로잡는다면, 너를 이해하게 되어 마음을 바꿀지도 모른다. 가끔은 당당하고 진솔하게 속마음을 드러내는 것도 괜찮다.

"약간의 문제가 있는 것은 사실입니다만, 그렇다고 해도 저는 여전히 당신을 존경합니다. 오히려 이번 일을 하시는 모습을 지켜보면서 귀하의 열의와 뛰어난 능력에 감탄하였습니다. 이렇게 탁월하게 일하시는 분과 개인적 친분을 나눌 수 있다면 정말로 기쁘겠다고 생각하였습니다."

이처럼 '말과 행동은 부드럽게 의지는 확고하게'라는 원칙을 시종일관 지킨다면 대부분의 협상을 원활히 해결할 수 있을 것이다. 적어도 일이 상대방의 뜻대로만 진행되지는 않을 것이다.

자신의 의지를 관철하는 방법

내가 '말과 행동은 부드럽게' 하라고 강조하

고 있지만, 여기서 부드러움이 온순하기만 한 것이 아님을 너도 이제 이해했을 것이다. 온순하기만 한 부드러움은 아무짝에도 쓸모없다. 자신의 의견을 명확히 밝혀야 하며, 다른 사람의 의견이 틀렸다는 생각이 들면 틀렸다고 말해야 한다. 중요한 것은 말을 하는 방법이다. 말을 할 때 용어 선택, 목소리, 분위기, 태도를 상냥하며 부드럽게 하라는 것이다. 이때 안간힘을 쓰거나 무리하는 것 같은 인상을 주어서는 안 되며, 자연스러워야 한다. 다른 사람과 반대되는 의견을 말할 때도 품격 있고 상냥한 표정으로 부드럽게 말하는 것이 좋다.

"제 의견을 듣고 싶으시다면 저는 이렇게 말하고 싶습니다. 그렇다고 제 의견을 확신하는 것은 아닙니다." 혹은, "정확히 알지는 못하지만 아마도 이런 뜻 아닐까요."와 같은 말이 예가 될 것이다. 부드러운 말투를 사용한다고 설득력이 없어지는 것은 아니다. 오히려 〈북풍과 태양〉 우화에서처럼 상대방의 마음을 붙잡을 것이다.

토론은 기분 좋게 끝내야만 한다. 너도 상처받지 않았고, 상대의 인격을 손상시킬 생각도 없다는 것을 분명하게 보여주는 것이 필요하다. 일시적인 의견 대립이 서로의 관계를 영영 소원하게 만들 수도 있기 때문이다. 너는 태도가 그렇게까지 중요하냐고 의아해할지도 모르지만, 태도는 내용만큼이나 중요하다.

태도에 따라서 호의로 행한 것이 적을 만들고, 나쁜 마음으로 행한 것이 친구를 만들기도 한다. 이는 태도에 따라 상대방이 어떤 기분으로 네 행동을 받아들이는지가 달라지기 때문이다. 품위, 발성, 말하는 법, 표정, 어휘의 선택 등이 부드러우면 언행은 부드럽게 되고, 거기에 확고한 의지가 더해지면 위엄이 생겨 사람들의 마음을 얻게 될 것이다.

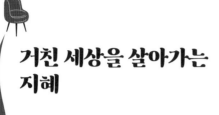

거친 세상을 살아가는 지혜

삶이란 우리의 인생 앞에 어떤 일이 생기느냐가 아니라

우리가 어떤 태도를 취하느냐에 따라 결정되는 것이다.

_존 호머 밀스

세상에는 다소 전략적이기는 하지만, 순박하게 살아가는 지혜 같은 것이 있다. 이를 알고 신속히 실천하는 사람이 여러 사람의 마음을 얻어 누구보다 먼저 출세한다고 말할 수 있다. 젊은이들은 자칫 이런 것을 매우 싫어할 수도 있다. 그렇지만 내가 이제부터 너에게 말하려는 내용은 먼훗날 네가 '진작 알았더라면 좋았을걸' 하고 생각하게 될 것들 중 하나이다.

삶의 지혜 중 가장 근본적인 것은 감정을 드러내지 않는 것이다. 말과 행동, 표정을 통해 마음이 흔들리고 있음을 상대가 눈치채게 해서는 안 된다. 그랬다가는 자기 통제력이 강한 사람이 너를 이용하려 들 수 있다. 이는 단지 직장생활에 국한된 것이 아니다.

일상에서도 부지불식 간에 상대에게 조종당할 가능성은 항상 존재한다. 기분 나쁜 말을 들으면 대놓고 분노를 표출하거나 표정이 변하는 사람, 달콤한 말을 들으면 과도하게 기뻐하거나 금세 표정이 풀어지는 사람은 능청스럽고 교활한 사람의 희생양이 되기 쉽다.

교활한 사람은 고의로 상대방이 분노하거나 기뻐할 만한 말을 하여 반응을 보고, 상대방의 비밀을 캐내려 한다. 뽐내기 좋아하는 사람도 마찬가지다. 차이점은 자신도 알지 못하는 사이에 교활한 사람과 같은 행동을 하지만, 이로부터 자신의 이익으로는 삼지 못하고, 주변 사람들의 이익에 기여한다는 것이다.

자신의 성격에 대해 변명하지 마라

냉정한가 아닌가는 하나의 성격일 뿐이며, 인력으로 바꿀 수 없는 것 아니냐며 너는 의문을 제기할지도 모르겠다. 확실히 성격이 냉정한가 아닌가를 좌우하는 경우가 많다. 하지만 무슨 일이든 노력도 해보지 않고 성격 탓으로 돌려왔던 건 아닌지 묻고 싶다. 성격을 고치려고 굳게 마음먹고 노력하면 조금은 개선할 수 있다고 나는 생각한다. 우리는 이성보다 성격을 우선시하는 습관에 젖어있다. 하지만 나는 노력만 한다면 반대의 습관, 즉 이성을 통해 성격을 통제하는 습관도 몸에 익힐 수 있다고 생각한다.

갑자기 감정이 폭발할 것 같아 억제하기 힘든 경우에는, 우선 감정이 잦아들 때까지 침묵하는 것이 좋다. 가능하다면 표정도 최대한 평소와 똑같이 하려고 노력하자. 이를 항상 명심하고 있으면, 반드시 실천할 수 있을 것이다. 너는 멋진 말, 재치 있는 말, 똑똑해 보이는 말을 하고 싶겠지만 그런 말은 칭찬받을 순 있어도, 사람들이 호의적으로 받아들이지 않는다. 이런 말은 오히려 적을 만들 뿐이다. 만일 누군가 너에게 빈정대는 말을 했다면, 듣지 못한 척하는 것이 가장 바람직한 대응 방식이다. 바로 앞에서 들었기 때문에 그렇게 할 수 없다면, 상대방이 한 말을 인정하고 웃으며 부드럽게 상황을 넘겨 버리는 것이 좋다. 무슨 일이 있어도 상대방과 똑같이 빈정거리며 반격하면 안 된다. 그런 행동은 네가 상대방의 말 때문에 상처 입었다고 공표하는 것과 같으며, 공든 탑을 무너뜨릴 수 있다.

상대방에게 속마음을 들키지 마라

어떤 일을 협상할 때 혈기왕성한 사람이 상대 이면 가장 좋은 결과를 얻을 수 있다. 혈기왕성한 사람은 조그만 일에도 마음이 요동치기 때문에, 터무니없는 말을 하거나 표정으로 마음을 그대로 드러낸다. 그런 사람과 협상할 때에는 그의 표정을 보며 마음을 추측하면 된다. 그러면 반드시 그의 본심을 알게될 것이다. 비즈니스를 할 때 성공의 열쇠는 상대방의 속마음을 읽어내는 것이다.

자신의 감정과 표정을 숨기지 못하는 사람은 그렇게 할 수 있는 사람의 손바닥 안에 있다. 다른 조건들이 모두 내등할 때에도 그러하므로, 상대의 협상 실력이 더 뛰어난 경우에는 전혀 승산이 없다. 너는 이 말을 듣고 시치미를 떼라는 말이냐고 반문할 것이다. 시치미를 떼는 것은 잘못이 아니다. '속마음을 들키면 사람을 제압할 수 없다'라는 말이 있다. 나는 더 나아가 '속마음을 들키면 아무 일도 이룰 수 없다'라고 하고 싶다. 상대방을 속이려고 시치미를 떼는 것과 속마음을 들키지 않으려고 시치미를 떼는 것은 완전히 다르다. 너도 알겠지만 나쁜 것은 전자의 경우이다. 타인을 속이려고 감정을 감추는 것은 비도덕적이고 비열한 짓이라고 할 수 있다.

베이컨(Bacon; 1561~1626. 영국의 철학자이자 정치가) 경은 이런 말을 하였다.

"지적인 인간은 상대방을 속이지 말아야 한다. 속마음을 들키지 않으려고 감정을 숨기는 것은 트럼프 카드를 보여주지 않는 것과 같다. 하지만 상대방을 속이려는 의도로 그렇게 하는 것은 상대방의 카드를 훔쳐보는 것이나 마찬가지다."

볼링브로크(Bolingbroke; 1678~1751, 영국의 정치인, 정치철학자)경도 저서에서 다음과 같이 말한다.

"남을 속이려고 감정을 숨기는 것은 단검을 휘두르는 것과 같이 바람직하지 못한 행위이며, 불법행위이기도 하다. 일단 단검을 사용한 후에는 어떤 정당한 이유도 변명도 소용없어진다."

한편, 속마음을 타인에게 들키지 않도록 감정을 숨기는 것은 방패를 들고 있는 것과 마찬가지이고, 기밀을 숨기는 것은 갑옷을 입는 것과 같다. 일할 때 적당히 감정을 숨기지 않으면 기밀을 보전할 수 없고, 그럴 경우 일이 잘 안 된다. 그런 의미에서 속마음을 숨기는 것은 귀금속에 합금을 섞어 주화를 만드는 기술과 유사하다. 주화를 만들 때 반드시 합금을 조금 섞어야 하지만, 합금을 많이 섞으면 주화가 통화 가치를 잃으며, 주조자는 신용을 잃게 된다.

마음속에서 감정이 용암처럼 들끓어도 이를 표정이나 언행을 통해 드러내지 않도록, 감정을 완전히 숨길 수 있도록 노력해라. 이는 어려운 일이지만 불가능한 일은 아니다.

지성인은 불가능한 일에는 도전하지 않지만, 힘든 일이라도 이루어낼 가치가 있다면 두 배로 노력하여 해내는 법이다. 너도 열심히 노력하기 바란다.

용서받을 수 있는
거짓말을 적절히 이용해라

절대적으로 비난할 수 없는 유일한 거짓말의 형태는,

자기 자신을 위해서 거짓말을 하는 것이다.

_O.와일드

때때로 모르는 척하는 것이 지혜로운 행동일
수 있다. 예를 들어 누군가가 네가 이미 알고 있는 것에 대해 말하
려고 하며 이렇게 묻는다고 하자. "이런 이야기 들어보셨습니까?"
그러면 너는 "아니요, 못 들어봤습니다. 자세히 듣고 싶군요."라고
말해야 한다.

비록 그 이야기에 대해 알고 있더라도 모르는 척하며 상대방이

계속 말하게 해라. 상대방은 그 이야기를 하는 데 기쁨을 느끼거나 모르는 것을 알려주면서 자존심을 충족시키고 싶은지도 모른다. 그런데 네가 "이런 이야기 들어보셨습니까?"라는 물음에 "네."라고 대답하면, 상대방은 실망할 것이다. 그리고 네가 주변머리 없다고 여겨 더는 교제하기 싫다고 생각할지도 모른다.

개인에 대한 중상모략이나 나쁜 소문은 모두가 알 정도로 퍼져 있다고 하더라도, 마음을 터놓을 수 있는 친구 앞에서가 아니라면 못 들은 척해야 한다. 중상이나 추문은 말하는 사람이나 듣는 사람 모두 똑같이 나쁜 사람이라고 여겨지기 쉽다. 따라서 그런 것이 화제가 되었을 경우, 이미 다 아는 이야기라고 하더라도 처음 듣는 척하며 공통의 의견에 동의만 하는 것이 좋다. 이렇게 모르는 척하다 보면 실제로 몰랐던 정보를 자세히 알게 되는 경우도 있다. 이는 정보를 수집하는 최고의 방법이기도 한 것이다.

전쟁터에 갈 때는 완전무장을 해라

많은 사람이 시시한 일과 관련해서도 잠깐이라도 우위에 서서 허영심을 채우고 싶어 한다. 그래서 상대방이 모르는 사실을 자신이 가르칠 수 있음을 과시하고 싶은 마음에 그만 말하면 안 되는 일에 대해 이야기하기 시작한다. 그런 경우, 아무것도 모르는 척 시치미를 떼면 정보는 물론 다른 이득도 얻을 수 있다.

이런 태도를 보이면 상대방은 네가 정보를 입수하는 데 무관심하며, 나쁜 책략이나 음모와 전혀 관련 없는 사람이라고 믿게 된다. 그렇더라도 정보는 수집해야 하며, 대충 알고 있는 정보는 더욱 자세히 조사해야 한다. 정보를 수집할 때에는 상대방에게 계속 귀를 곤두세우거나 드러내놓고 질문하지 않는 것이 좋다.

그런 행동을 보이면 상대방이 방어 태세로 변하여 같은 말을 계속 반복하는 등의 방법으로 쓸모없는 정보만 주기 때문이다. 이럴 때는 모르는 척하지 말고 반대로 모든 것을 알고 있는 척하는 것이 좋다. 그럴 경우 "바로 그렇다."라고 친절하게 모든 것에 대해 말해주는 사람도 있고, "너도 알지 모르겠지만 사실은……."이라는 말로 시작해 정보를 주는 사람도 있다. 또한 "더 궁금한 것은 없느냐?"라고 물으며 정보를 주는 사람도 있다. 이런 지혜를 생활 속에서 능숙히 활용하고 싶다면 스스로는 물론 주변 사람들에 대해서도 항상 주의를 기울여야 한다. 불사신이었던 아킬레우스 (Achilleus; 그리스 신화의 영웅)도 전쟁에 나갈 때는 완전무장을 하고 갔다.

사회는 전쟁터이다. 그러므로 언제나 완전무장을 해야 하고, 고

난이 닥칠 때 갑옷을 한 벌 더 겹쳐 입겠다는 마음가짐이 있어야 한다. 잠깐 방심하거나 작은 허점을 보여 치명상을 입을 수도 있기 때문이다.

인맥도 실력이다

평소에 공손하고 일을 하는 데 신중하며 사람을 대하는 데 진실하라.
그러면 비록 오랑캐 땅에 간다 할지라도 버림받지 않을 것이다.

_공자

아마도 너는 몽펠리에에서 이 편지를 읽을 것
같구나. 하트 씨의 병이 빨리 완쾌되어 네 일행이 크리스마스 전에
파리에 도착하기를 바란다. 파리에 너에게 꼭 소개하고 싶은 두 분
이 계신다. 두 분 모두 영국인인데, 주목할 만한 분들이니 친밀하
게 교제하기 바란다. 한 분은 여성이지만, 그렇다고 이성으로서 친
밀한 관계를 맺으라는 뜻은 아니다. 물론 이성 관계는 내가 관여할

바가 아니지만, 유감스럽게도 그 여성분은 이미 50세가 넘으셨다. 전에 디종에서 만나 뵙고 오라고 했던 하비 부인이다. 다행히 올겨울에 파리에서 지내신다고 한다. 하비 부인은 궁정에서 태어나고 자라셨으며, 궁정에서 배울 수 있는 긍정적인 요소들, 즉 친절함, 예의 바름, 품위와 같은 것을 두루 갖추셨다. 식견도 높으시고, 여성이 읽어야 할 책을 모두 읽으셨으며, 다른 책도 많이 읽으신다. 더욱이 라틴어까지 능숙하시다. 하지만 다른 사람의 눈에 띄지 않도록 겸손하시다. 부인은 너를 자식처럼 대해주실 것이다. 너도 부인에게 의지하고 무엇이든지 상의하고 부탁드려라. 나는 그 부인만큼 완벽한 여성은 없다고 생각한다.

다른 한 분은 너도 이미 아는 헌팅던(Huntingdon; 1696~1746) 백작인데, 내가 너 다음으로 많은 애정을 쏟고, 높이 평가하는 사람이다. 나를 양아버지처럼 따르고 있으며, 사실 나를 아버지라고 불러주고 있기도 하다. 그는 광범위한 지식을 갖추었으며, 자질도 뛰어나다. 더욱이 성격까지 좋다. 나는 종합적으로 평가하였을 때, 그가 영국에서 제일가는 훌륭한 젊은이라고 생각한다. 이런 사람과 친밀한 관계를 맺으면 언젠가 반드시 좋은 일이 생긴다. 더욱이 그도 나의 마음을 헤아려 너와 친밀한 관계를 맺겠다는 마음을 먹고 있다. 나는 두 사람이 긴밀한 관계를 맺고, 필요할 때 서로 도와주길 바라고 있으며, 또 그럴 수 있을 거라고 믿고 있다.

친분을 지혜롭게 이용해라

우리가 사회에서 살아남고 성공하려면 연고 관계는 필요하다. 신중한 태도로 친분을 맺고 이를 잘 유지할 능력이 있는 사람은 다른 사람보다 사회에서 성공할 확률이 몇 배는 더 높아진다. 친분에는 두 가지 종류가 있는데, 네가 항상 이를 염두에 두고 행동하길 바란다.

첫째는, 대등한 연고 관계인데, 이는 역량과 소질이 거의 유사한 사람끼리 쌓아가는 관계이므로, 비교적 자유롭게 정보를 교환하고 교류할 수 있다. 이러한 관계는 두 사람이 서로의 능력을 인정해야 성립되며, 상대방이 자신을 위해 자발적으로 애써주는 사람이라는 믿음 없이는 성립되지 않는다. 관계의 바탕에 상호 존중이 있는 것이다. 그러므로 때때로 서로의 이해관계가 대립하더라도 관계가 쉽게 깨지지 않는다. 서로 존중하고 의존하므로 이해가 대립하여도 서로 조금씩 양보하여 합의하고, 같이 행동하게 된다. 내가 헌팅턴 백작과 네가 맺었으면 좋겠다고 생각하는 관계가 바로 이런 관계이다. 두 사람은 비슷한 시기에 사회에 진출한다. 그때 너에게 백작과 거의 비슷한 능력과 집중력이 있으면, 너희는 다른 청년들과 교류하여 어떤 행정 기관도 무시할 수 없는 집단을 결성할 수 있을 것이다. 그럼으로써 함께 위로 뻗어갈 수 있게 될 것이다.

둘째는, 대등하지 않은 연고 관계인데, 예를 들면 한쪽은 지위나 재산이 있고, 다른 한쪽은 능력과 소질이 있는 경우이다. 이런 관계에서는 한쪽만 은혜를 받고 있으며, 그 은혜도 겉으로 드러나지 않고 숨겨져 있을 때가 많다. 이때, 은혜를 받는 사람은 상대방의 마음에 드는 행동을 해야 하고 비위를 맞춰야 하므로, 상대방이 우월감을 내세우며 행동해도 참을 수밖에 없다. 그런데 은혜를 베푸는 사람은 자기가 상대방을 마음대로 조종하고 있다고 착각하는 경우가 많다. 그러나 이는 혼자만의 착각이며, 사실 상대방의 의도대로 일이 진행되고 있다. 이런 사람을 교묘하게 조종할 수 있는 능력을 갖춘 사람은 커다란 이익을 얻을 수 있다. 유사한 사례는 셀 수 없을 만큼 많다. 그 정도로 한쪽에만 이익이 되는 관계는 일반화되어 있다고 할 수 있을 것이다. 그러니 이런 관계에 대해서도 고찰해 보기 바란다.

라이벌과 경쟁하여
이기는 법을 연구해라

다른 사람의 좋은 습관을 배워라.

라이벌의 좋은 점도 놓치지 말고 배워라.

_빌 게이츠

자기가 싫어하는 사람도 사려 깊은 태도로 대하는 방법을 배워두는 것은 사회생활에 있어서 정말로 중요하다. 하지만 이를 알아도 실천하지 못하는 사람들이 너무나 많다. 특히 청년들은 별것도 아닌 일 때문에 화가 나서 분별력 없이 행동하는 경우가 많다. 직장에 있을 때나 연애할 때는 물론이고, 언제나 누군가 자신의 의견을 비판하면 덮어놓고 그 사람을 미워하는 것이다.

청년들에게는 라이벌도 적이나 마찬가지다. 평소에 라이벌과 마주치면 잘 처신해야겠다고 생각했더라도 정작 라이벌이 눈앞에 나타나면 냉담하고 무례하며 어색한 태도로, 무슨 수를 써서라도 상대방을 무너뜨리려고 이런저런 생각을 한다.

이는 어이없는 생각이다. 라이벌에게도 그가 선호하는 직장이나 사랑하는 여성을 선택할 권리가 있다. 라이벌을 냉담하게 대하는 것은 분별없다는 증거이다. 라이벌에게 무례한 태도를 보인다고 자신의 소원이 이루어지지는 않는다. 그러기는커녕 라이벌끼리 싸우는 동안 제삼자가 끼어들어 이익을 챙길 수도 있다. 물론 라이벌과의 갈등 양상이 단순하지는 않을 것이다. 어느 쪽도 쉽게 양보할 수 없는 문제이기 때문에 갈등이 생겼을 것이다. 일이든 연애이든 다른 사람에게 방해받고 싶지 않은 민감한 영역이다. 하지만 갈등의 원인을 없앨 수 없다 하더라도 갈등으로 인해 부정적 결과를 초래해서는 안 된다. 예를 들어 연적 두 사람이 서로 노려보고 있는 상황을 생각해보자. 두 사람이 서로 불쾌한 표정으로 외면하거나 서로 욕설을 하고 있다면 그 자리에 있는 사람들 모두 불쾌함을 느낄 것이다. 그리고 두 사람이 사랑하는 여성도 불쾌함을 느낄 수밖에 없다.

하지만 어느 한 사람이 속마음을 숨기고 겉으로는 연적에게 자연스럽고 상냥하게 대한다면 어떻게 될까? 적의를 그대로 드러내는 사람이 상대적으로 초라해 보일 것이기 때문에, 두 사람의 사랑을 받는 여성은 상냥한 사람에게 호의를 가질 것이다. 반면, 적의를 드러낸 남성은 라이벌의 상냥함이 자신감의 표현이라고 생각해 열등감을 느끼고 공연히 여성에게 화풀이를 하게 될 것이다. 그러면 여성도 그 남성의 감정적인 태도에 화가 나서 두 사람의 사이는 매우 나빠질 것이다.

좋은 라이벌은
성장의 원동력이 된다

일과 관련된 경쟁에서도 감정을 통제하는 것이 중요하다. 적의를 누르고 겉으로 냉정해 보일 수 있는 사람은 라이벌을 이길 수 있다. 프랑스인들은 '은근한 태도'라는 말을 자주 사용한다. 이 말은 연적에게 적의를 노골적으로 드러내는 마음 좁은 자를 오히려 상냥한 태도로 대하라는 말이다. 쉽게 설명하기 위해 내 경험담을 말해주겠다. 유사한 상황에서 너에게 도움이 되면 좋겠구나.

내가 네덜란드 헤이그로 가서 오스트리아 계승 전쟁에 전면적으로 참전하기를 요구하고, 구체적으로 군인을 몇 명 파병할지 결정하는 등 교섭을 마치고 돌아왔을 때의 이야기이다.

헤이그에는 너도 잘 아는 대수도원장이 있었다. 그는 프랑스의 편을 들며 어떤 방법을 쓰든 네덜란드의 참전을 막으려 하고 있었다. 나는 대수도원장이 머리가 좋고 마음도 넓으며 부지런한 사람이라는 평판을 들었다. 그래서 오랜 숙적이라 깊은 친교를 나눌 수 없는 처지를 매우 안타깝게 여겼다. 제삼자가 만들어준 어떤 자리에서 그를 처음 소개받은 나는 이렇게 말하였다.

"나라는 서로 적대하고 있지만, 우리끼리는 이를 초월하여 좋은 관계로 지낼 수 있다고 생각합니다."

이 말을 들은 대수도원장도, "저도 같은 생각입니다."라고 정중하게 답했다.

이틀 후 아침 일찍 암스테르담 의회에 갔더니, 이미 대수도원장이 와 있었다. 나는 대수도원장과 면식이 있다는 사실을 대의원들에게 말한 후 온유한 미소를 지으며 이렇게 말하였다.

"나의 오랜 숙적을 여기서 만나다니 매우 유감입니다. 이런 말씀을 드리는 이유는, 이분의 능력이 너무 뛰어나서 공포감까지 들기 때문입니다. 이래서는 공평한 싸움을 할 수 없습니다. 부디 이분의 힘에 굴복하지 마시고 네덜란드라는 국가의 이익만을 생각해 주시기를 부탁드립니다."

이 말을 모두 했는지 여부는 정확히 기억나지 않지만, 마지막 말은 분명히 했다고 기억한다. 내 말을 듣고 그 자리에 있던 모든 사람이 미소를 지었다. 대수도원장도 정중한 찬사를 들은 것이 싫지는 않았던 모양이다. 그래서 그런지 15분 정도 지난 후 나를 남겨두고 자리를 떠났다.

나는 계속해서 설득하였는데 일관된 태도로, 그렇지만 전보다 훨씬 더 진지하게 말을 이어나갔다.

"제가 여기 온 이유는 오직 네덜란드의 국익 때문입니다. 내 친구에게는 여러분을 설득하기 위한 허례허식이 필요했습니다. 하지만 나는 일체 그런 것을 벗어던지고 말씀드리려고 합니다."

나는 결국 목적을 달성하였고, 대수도원장과도 지속해서 교류하고 있다. 처음 제삼자가 마련한 자리에서도 그랬지만, 지금도 그를 일관되게 허세 없는 정중한 태도로 대하며, 그의 근황 등을 묻고 대화를 한다.

신중하게 처신해라

훌륭한 사람이 라이벌을 대하는 태도에는 두 가지가 있다. 지극히 상냥하게 대하거나 상대방을 아예 때려눕히거나. 만약 상대방이 온갖 술수를 써서 너를 고의로 모욕하거나 비웃음당하게 하려 한다면 그를 주저 없이 때려눕혀도 좋다. 하지만 단순히 마음의 상처를 받은 정도라면 겉으로는 지극히 예의 바르게 행동해라. 그것이 상대방에 대한 복수이고, 자신을 위한 것이다.

이는 상대방을 속이는 것이 아니다. 네가 상대방을 인정하고 친하게 지내고 싶은 경우 그런 태도를 보이는 것은 비겁하다고 할 수 있다. 하지만 그런 사람과는 친해지지 않는 것이 좋다.

공적인 자리에서 노골적으로 무례한 태도를 보이는 사람에게는 정중하게 지적해도 책망받지 않는다. 보통 이런 경우 사람들은 네가 정중한 지적을 통해 자리를 원만히 수습하고, 주변 사람들이 불쾌함을 느끼지 않게 하려고 노력하고 있을 뿐이라고 생각한다. 사회에는 개인적인 취미나 질투 때문에 타인의 생활을 교란시키면 안 된다는 무언의 합의가 있다. 이 합의를 태연히 어기는 사람은 비웃음거리가 될 뿐 동정받지 못한다.

사회는 질투, 증오, 원한, 심술궂음 등이 들끓는 곳이다. 스스로 노력하는 사람은 적고, 남이 키운 열매를 훔쳐 가는 사람들은 넘친다. 사회는 흥망성쇠도 심한 곳이어서, 사람들이 오늘은 흥했지만 내일은 망하기도 한다.

이런 사회에서는 부드러운 언행과 예의 바름 같은, 본질과 별로 관계없어 보이는 무기를 가지고 있어야 한다. 사회라는 전쟁터에서는 언제 아군이 적이 되고 적이 아군이 될지 모른다. 따라서 속으로는 증오해도 겉으로는 상냥하고 애정 어린 태도를 보이며, 신중하게 사람들을 대하여야 한다.

아들에게 주는
또 하나의 충고

작은 일에 충실한 것이야말로 위대하고 영웅적인 미덕이다.

_보나뷰차

너는 이미 사회에 진출하였다. 언젠가 네가 크게 성공할 수 있기를 진심으로 바라고 있다. 이 세계에서 실천은 가장 훌륭한 공부이다. 더불어 모든 일을 할 때 집중력과 배려심을 가져야 한다.

편지 쓰는 일을 예로 들어 너에게 조언해주고 싶다. 왜냐하면 편지 쓰는 일에는 사회인이 상식적으로 갖추어야 할 요소가 집약되어 있기 때문이다.

우선 비즈니스와 관련된 편지를 쓸 때는 명료하고 확실하게 써야 한다. 세상에서 가장 어리석은 사람이 읽어도 의미를 오해하거나, 이해하기 위해 처음부터 다시 읽는 일이 없을 정도로 논리 정연하게 써야 한다. 그러려면 내용을 정확하게 써야 한다. 여기에 품격을 더한다면 더욱 좋다.

비즈니스 편지에는 일반적인 편지와 달리 은유나 비유, 대조법, 경구 등을 사용하지 말아야 한다. 비즈니스 편지는 명료하고 품격 있게 써야 하며, 상대방이 쉽게 이해할 수 있도록 표현 하나하나에 배려를 담아야 한다. 복장에 비유해보자면, 단정하고 깔끔한 정장은 좋은 느낌을 주지만, 과도하게 화려하거나 단정하지 못한 복장은 상대방에게 좋지 않은 느낌을 주는 것과 마찬가지다.

그리고 글을 쓸 때는 단락마다 객관적인 관점으로 다시 읽어보고, 다른 뜻으로 받아들여질 우려가 있는 표현이 없는지 반드시 검토해야 한다. 지시대명사나 대명사를 사용할 때 특히 더 주의해야 한다. '이것', '그것', '본인' 같은 말을 많이 써서 오해를 받을 여지가 있다면, 글이 조금 길어진다고 하더라도, 'ㅇㅇ의 건', '××씨'와 같이 명료한 표현을 쓰는 것이 좋다.

비즈니스 편지에도 예의와 정중함은 담겨 있어야 한다. '저의 의견은 다음과 같습니다.' 혹은 '귀하를 알게 된 것을 명예롭게 생각하며' 같은 표현을 사용하여 상대방에 대한 경의를 나타내는 것이 매우 중요하다.

해외에 있는 외교관은 국내에 편지를 보낼 때 대부분 윗사람인 각료나 후원자에게 쓴다. 따라서 편지 예절에 각별히 주의하여야 한다. 수신인의 주소와 성명을 쓰는 법, 편지지를 접는 법, 봉함하는 법 등 사소한 것에서도 편지를 쓴 사람의 인격이 드러난다.

어떤 편지가 좋은 인상을 주는지 나쁜 인상을 주는지는 이렇게 작은 부분을 통해 결정된다. 너는 이에 대해 대수롭지 않게 여기는 것 같지만, 이런 점까지 신경 쓰고 편지를 받는 상대방을 배려해야 한다.

품격은 비즈니스 편지에 꼭 필요한 것은 아니지만, 있는 편이 좋다. 그래서 지저분하지 않으면서도 품격 있는 문체가 중요하다. 하지만 이는 비즈니스 편지 쓰는 법을 충분히 익힌 후에 배우면 되는 것이니, 아직 기초를 배우고 있는 너에게 이런 어려운 부분까지 신경 쓰라고 하고 싶지는 않다. 이에 대해서는 네가 더 성장한 후에 네 편지를 검토해 보고 가르쳐 주도록 하겠다.

글자 모양이나 문체를 과도하게 꾸미면 역효과가 생긴다. 고상하면서도 간소하고, 위엄이 느껴지게 하는 것이 좋으며, 그런 편지를 쓰려고 노력해야 한다. 문장의 길이가 너무 길거나 짧은 것보다는 의미가 확실히 전달될 정도의 길이인 것이 좋다. 너는 철자법을 자주 틀리는데, 이는 웃음거리가 될 수 있으니 유의해라. 그리고 네 글씨 모양이 왜 그렇게 이상한지 나는 도저히 모르겠다. 눈과 손을 사용할 줄 알면, 조금만 신경 써도 아름다운 글씨를 쓸 수 있다. 나는 네가 글씨를 더 잘 썼으면 좋겠다.

작은 일에 근심하지 마라

　　　　　　나는 네가 글씨를 쓸 때, 글씨본에 있는 글씨처럼 한 글자씩 신경 쓰며 집중해서 쓰라고 말하는 것이 아니다. 사회인은 글씨를 아름답게 쓸 수 있어야 하며, 연습을 통해서만 그렇게 할 수 있다.

지금도 늦지 않았으니 아름다운 글씨를 쓸 수 있도록 연습해라. 그러면 지위가 높은 분께 편지를 써야 할 때도, 글씨 같은 사소한 것 때문에 걱정하지 않아도 되고, 내용에만 정신을 집중할 수 있다.

어떤 남자가 청년 시절 공부가 부족했기 때문에 분별력을 키우지 못했다. 그래서 항상 작은 일에 마음을 빼앗겨 중요한 일을 완수하지 못해 사람들의 비웃음거리가 되었다. 그는 '작은 일에는 통이 크고 큰일에는 소심한 사람'이라고 불렸다. 이는 이 사람이 큰일에 대처하기 위해 필요한 마음을 작은 일에 모두 써버렸기 때문이다.

　너는 지금 작은 일에 대처해야 하는 시기이고, 그래야 하는 지위에 있다. 지금 작은 일을 잘 마무리하는 습관을 들여놓는 것이 바람직하다. 머지않아 반드시 누군가가 너에게 큰일을 맡길 때가 올 것이다. 그때 작은 일에 대한 걱정에 사로잡히지 않을 수 있도록 지금부터 만반의 준비를 해두는 것이 중요하다.